Interculturalidades: Visões multilaterais desde a UNILA

Org.

Francisca Paula Soares Maia

ISBN: 1944676031
ISBN-13: 978-1944676032
Roosevelt, NJ

ÍNDICE

PREFÁCIO

Interdisciplinariedade, interculturalidade, integração e bilinguismo como pilares básico da Universidade Federal da Integração Latino-Americana, UNILA

"Art. 5° A UNILA rege-se pelos seguintes princípios: (…) II – o respeito a todas as formas de diversidade; III – o pluralismo de ideias e de pensamentos; (…) VIII – educação bilíngue: português e espanhol; IX – promoção da interculturalidade; (...) XI – a defesa dos direitos humanos, da vida, da biodiversidade e da cultura de paz".
(Estatuto UNILA)

Apontar para a interdiciplinariedade significa repensar as disciplinas, a forma como estas foram pensadas e promovidas no âmbito do desenvolvimento do sistema-mundo capitalista desde meados do século XIX na Europa; as Ciências Sociais: Sociologia, Antropologia e História, dentre outras. Nascidas em torno da discussão sobre evolução das espécies, consideradas estas separadas do "Homem", e a evolução das raças e das culturas. O resultado desse processo, mostrava Europa no cume da pirâmide, ela teria evoluído deixando para trás as raças inferiores, primitivas ou bárbaras. França e Inglaterra, levariam a todos os cantos do mundo a civilização e o progresso do mundo liberal. Nesse sentido, a Sociologia desempenharia o papel de estudar a sociedade capitalista; a antropologia confirmaria qual o caminho percorrido pela civilização nas instâncias relacionadas com o parentesco, as instituições e a religiosidade, tendo como escopo as comunidades chamadas primitivas, localizadas na África, na Ásia e, posteriormente, na América Latina.

Diferentes vertentes da disciplina (evolucionista, difusionista, funcionalista, estruturalista e cultural) seriam usadas como ferramenta metodológica para o entendimento destes povos sem civilização, mas localizados nos primórdios desta, o seu estudo permitiria verificar a trajetória dos povos avançados cultural e racialmente. A Antropologia colocou-se ao serviço do capitalismo, especialmente das empresas colonizadoras inglesas e francesas sobre os continentes asiático e africano.

La institucionalización de la antropología francesa puede ser fechada en la apertura del Instituto de Etnología en la Universidad de París en 1925. Creado por Mauss, Rivet y Lévy-Bruhl, su objetivo principal fue servir al poder colonial francés, el cual en la época tenía un interés muy marginal en la disciplina (ARCHETTI, 2019, 157).

À História, numa visão linear, delegou-se o estudo do passado das instituições suporte do capitalismo, do Estado nacional e suas diversas vertentes: monarquias, repúblicas, impérios, e os diferentes sistemas econômicos e políticos; assim como as instituições eclesiásticas. Nessa ordem, a História privilegiou o papel das elites em detrimento de classes sociais que só terão relevância a partir da óptica do materialismo histórico na segunda metade do século XIX e começo do XX. Dessa forma, os trabalhadores ou operários, camponeses e donos do capital e da terra vieram a ser os protagonistas da História. Na segunda metade do século XX, a Antropologia simbólica contamina a História de forma interdisciplinar, e outros atores aparecem; emergência de novos sujeitos graças à descolonização africana e asiática; negros e negras mostraram protagonismo; igual as mulheres, inclusive brancas, entraram para a História; não mais apenas operários e camponeses, também indígenas. Conjuntura que, para o caso da Europa pós-moderna, pós-estruturalista e pós-colonial, traria nova visão sobre o papel das Universidades, do saber, das disciplinas. Este tipo de crise dificilmente tem acontecido nas universidades da América Latina, incluídas as brasileiras, onde as disciplinas parecem se petrificar.

Nesse sentido, queremos mostrar a importância da perspetiva da Universidade Federal da Integração Latino-Americana, UNILA, que prima pela interdisciplinariedade, como um dos seus pilares. A Universidade instaurou o Ciclo Comum de Estudos, composto por três eixos: Fundamentos de América Latina; Filosofia e epistemologias e Bilinguismo (Espanhol e português). O Ciclo Comum de Estudos foi incorporado nos seus 29 cursos, dando uma identidade diferenciada a esta Universidade. Na medida em que a interdisciplinariedade se faz presente, estudantes de toda América Latina se posicionam de forma crítica frente a suas disciplinas, pois sabem do impacto destas desconectadas da realidade social e cultural do continente. O bilinguismo, por sua parte, provoca também o plurilinguismo e o multilinguismo. Assim, são promovidas as línguas indígenas como o guarani, a quíchua e o aimara. Críticas estão sendo feitas às duas línguas oficiais da UNILA, espanhol e português, ao serem reconhecidas como armas usadas de conquista e colonização durante a invasão de Abya-Yala (América Latina). Porém, sem desconhecer a sua importância atual como eixos norteadores da integração latino-americana.

Ao promover a interdisciplinariedade, o bilinguismo e o plurilinguismo, a UNILA desenvolve um compromisso com a interculturalidade de caráter não apenas relacional ou funcional ao sistema capitalista e ao Estado nacional, porém, uma interculturalidade crítica/descolonial (WALSH, 2008), cujo objetivo é a derrubada de preconceitos ou de diferentes colonialiades instauradas no continente durante o período colonial; a colonialidade do poder, definida por Anibal Quijano como instrumento de racialização de comunidades africanas e indígenas, as que foram inferiorizadas para melhor serem exploradas (QUIJANO, 2005). O bilinguismo promove o conhecimento de culturas desconhecidas pelos estudantes provenientes de diversas regiões do continente, juntos gerenciam o respeito pela diferença, numa promoção continuada da diversidade, tanto sexual, cultural, de gênero, de raça, religiosa e regional, dentre outras.

Quando promovemos a interdisciplinariedade, de forma concomitante estamos fazendo uma crítica à disciplina; entendemos que para uma melhor compreensão da nossa Abya-Yala, há necessidade do uso de ópticas diversas, pois desde a própria disciplina se faz impossível a apreensão da diferença colonial e da diversidade. A UNILA lida no cotidiano com fatores transversais, cíclicos, problemas crônicos, que não se deixam capturar numa visão cronológica do tempo. Muitas das problemáticas da América Latina continuam latentes e de forma ameaçadora se colocam desafiantes para nos empurrar ao uso de outros mecanismos interpretativos. Racismo, violência de gênero, xenofobia, transfobia, lesbofobia, machismo, regionalismo, nacionalismo, dentre outros problemas, não podem ser entendidos desde alguma disciplina, fazem parte de uma história de *longa duração*.

Confiamos poder reestruturar, reforçar e manter em vigência os pilares da UNILA, estes levar-nos-ão à integração latino-americana pretendida. A Universidade, em retroalimentação com os estudantes, deve plantar as sementes da integração; dessa plantação poderemos colher frutos benéficos ao combate dos problemas antes mencionados. Assim, a UNILA estará cumprindo com a sua missão, de ser uma instituição comprometida com a justiça social.

Gerson Galo Ledezma Meneses

QUIJANO, A. Colonialidade do poder, Eurocentrismo e América Latina. In: *A colonialidade do saber: eurocentrismo e ciências sociais. Perspectivas latinoamericanas*. Edgardo Lander (org). Colección Sur Sur, CLACSO, Ciudad Autónoma de Buenos Aires, Argentina, 2005.

WALSH, C. Interculturalidad, plurinacionalidad y decolonialidad: las insurgencias político- epistémicas de refundar el Estado. *Tabula Rasa*. Bogotá - Colombia, No.9: 131-152, julio-diciembre 2008.

ARCHETTI, E. P. ¿Cuántos centros y periferias en antropología? Una visión crítica de Francia. In: LINS RIBEIRO, Gustavo & ESCOBAR, Arturo. *ANTROPOLOGÍAS DEL MUNDO. TRANSFORMACIONES DISCIPLINARIAS DENTRO DE SISTEMAS DE PODER*. Envión: Centro de Investigaciones y Estudios Superiores en Antropología Social: Universidad Autónoma Metropolitana : Universidad Iberoamericana, 2009.

INTRODUÇÃO

A obra *Interculturalidades: visões multilaterais desde a UNILA* tem sua origem no desejo de colocar o mundo com mais intimidade quanto ao que acontece em nossa universidade. Isso porque, trata-se de um espaço de ensino público com uma proposta inovadora, que ousa sustentar-se em pilares bastante desafiadores.

A UNILA _ Universidade Federal da Integração Latino-Americana_ uma instituição pública federal, tem como eixos o bilinguismo _ já rumando para o multilinguismo; a integração latino-americana e a interdisciplinaridade.

> "A vocação da UNILA é de ser uma universidade que contribua para a integração latino-americana, com ênfase no Mercosul, por meio do conhecimento humanístico, científico e tecnológico, e da cooperação solidária entre as instituições de ensino superior, organismos governamentais e internacionais."[1]

Desse modo, uma obra que se disponha a ser representativa da missão dessa universidade deve agregar textos que perpassem esses eixos. Foi a partir desse pensamento que se aventou o título no qual se previa que professores doutores de diversas áreas, e não só da área da organizadora, quer seja, ensino-aprendizagem de línguas adicionais, apresentariam propostas de textos com foco em fronteiras, imigração, políticas linguísticas, enfim, de temas que fazem parte do trabalho nessa instituição no seu dia a dia.

Desse modo, a presente obra é composta por textos das seguintes áreas: (i)Ensino-Aprendizagem de Língua Portuguesa e Espanhola; (ii)História da América Latina e (iii) Filosofia. Tendo em vista refletir a diversidade que constitui a UNILA, não se pensa em uma sequência dos textos por área.

Existem várias obras que abordam o tema Fronteiras, (I)Migração, Nação, Identidade, Ensino-Aprendizagem de Língua Portuguesa e Espanhola; Estado, Interculturalidade, Território; mas desconheço uma que agregue essas temáticas a partir de um contexto comum como nesta obra, no caso, o local onde os autores interactuam.

A chamada para o envio das propostas foi feita desde o nível pessoal, ao institucional, por email. Contudo, muitos colegas que poderiam estar nesta obra, apesar do desejo, não puderam se compromissar. Contudo, possam contribuir em outras oportunidades.

Este livro foi organizado com o objetivo de permitir uma leitura interdisciplinar e bilíngue. De modo que os capítulos vão se sucedendo não por áreas, ou por língua, mas pelo diálogo que estabelecem entre suas ideias. O primeiro capítulo, *Políticas imigratórias e controle de estrangeiros: Estados Unidos,*

---

[1] In: https://unila.edu.br/conteudo/voca%C3%A7%C3%A3o-da-unila

Argentina e Brasil, de autoria de **Endrica Geraldo**, nos apresenta um cenário que nos permitirá compreender muito do que virá nos textos seguintes: "Entre o final do século XIX e início do XX, os Estados Unidos da América, a Argentina e o Brasil estavam entre as nações do continente americano que receberam os mais intensos fluxos de imigração estrangeira e desenvolveram diversas políticas destinadas a controlar tanto o ingresso quanto a presença dessas populações nos mundos do trabalho (KLEIN, 1999; FITZGERALD, COOK-MARTÍN, 2014). Apesar dessas semelhanças, grande parte dos estudos a respeito do desenvolvimento dessas políticas ainda tende a apresentar a perspectiva de uma história nacional (MOYA, 1988; DEVOTO, 2001; CARNEIRO, CROCI, 2010; NGAI, 2004). O objetivo deste capítulo é discutir como essas nações vivenciaram uma intensa circulação de ideias, projetos e práticas de controle sobre trabalhadores imigrantes, o que nos possibilita redimensionar algumas das principais particularidades nacionais e regionais, e as conexões transnacionais do processo de construção dessas políticas."

No segundo capítulo, tendo por objetivo situar o contexto de onde falam todos os autores desse livro, bem como entrar na questão do bilinguismo, temos o texto *Ensino de Línguas de Fronteira nas Escolas Municipais de Foz do Iguaçu, Paraná,* o qual, de autoria de **Simone Beatriz Cordeiro Ribeiro** nos apresenta que "em cenários transfronteiriços, como é o caso de Foz do Iguaçu, Paraná, em que o contato com línguas diferentes é cotidiano e constante, a identidade linguística de cada falante se define e se redefine nas relações enunciativas estabelecidas neste espaço de *fronteira geográfica enunciativa.* Esse contexto de Tríplice Fronteira Brasil, Paraguai e Argentina vivenciado pela cidade iguaçuense caracteriza-se por um ir e vir de sujeitos falantes de outras línguas, principalmente da Língua Espanhola e da Língua Guarani que, na perspectiva de *fronteira geográfica enunciativa*, em conjunto com a Língua Portuguesa, são consideradas Línguas de Fronteira, pois ultrapassam os limites geográficos e constituem-se como línguas de integração. Embora essa diversidade linguística e cultural demonstre a riqueza multicultural e plurilinguística dessa fronteira, nem sempre são visíveis políticas linguísticas condizentes com a realidade local, condição que acaba influenciando na prática de sala de aula, seja no ensino de uma Língua Estrangeira ou da própria Língua Materna. Portanto, buscando verificar como essa relação linguística ocorre e para propor metodologias diferenciadas tanto para a inserção de outra língua quando no ensino de português aos alunos estrangeiros que frequentam as escolas do município e cuja Língua Materna não é a Língua Portuguesa, elaborou-se o Projeto de Pesquisa "Ensino de línguas de fronteira sob a perspectiva de fronteira geográfica enunciativa" (2017-2020) e os Projetos de Extensão "Ensino de Línguas de Fronteira através de práticas interdisciplinares" (2017-2018) e "Ensino de Português como Língua Adicional no Ensino Fundamental I"

(2017-2018), em desenvolvimento na Universidade Federal da Integração Latino-Americana, para propor um ensino de Línguas sob a perspectiva de Línguas de Fronteira, com vistas a uma educação em línguas. Sendo assim, as Ações propõem e sugerem o ensino da Língua Espanhola aos estudantes brasileiros e o ensino da Língua Portuguesa como Língua Adicional (RODRIGUES, 2013) aos alunos estrangeiros, uma vez que um estudante que esteja bem integrado na escola alcançará melhores resultados, seja na aprendizagem e/ou na interação com os colegas. Sendo assim, objetiva-se discorrer sobre os Projetos citados e apresentar alguns dados gerados no transcorrer das atividades realizadas. Para tanto, a metodologia e a fundamentação teórica utilizada para a execução das atividades propostas ao ensino da Língua Espanhola e da Língua Portuguesa estão sustentadas nos pressupostos da Linguística Aplicada, da Sociolinguística, das Políticas e Direitos Linguísticos (CALVET, 2002 e 2007; OLIVEIRA, 2005 e 2013; RAJAGOPALAN, 2013, HAMEL, 2003), com enfoque no ensino de Línguas Fronteiriças (STURZA, 2006, 2008 e 2010; RIBEIRO, 2015 e 2017), pois a situação enunciativa se desenvolve por meio da comunicação enquanto um representativo de vozes que entram em contato e conflito pela expressão de línguas e de culturas existentes em ambos os lados da fronteira física."

Ainda tendo em vista levar os leitores a se situarem no espaço-tempo em que se dão os olhares que compõem essa obra é que trazemos o terceiro capítulo, no qual temos uma apresentação do cenário urbano latino-americano, na autoria de **Viviane da Silva Araujo,** com o texto *Cidades modernas, imagens plurais: cosmopolitismo e singularidade na urbe latino-americana*: "Na passagem do século XIX o XX, com o objetivo de promover um determinado ideal de progresso, foram empreendidas reformas urbanas nas principais cidades latino-americanas, reformas que além de melhorar as condições de salubridade e de infra-estrutura, buscavam projetar uma imagem "moderna" dos países que essas cidades eram incumbidas de representar. Por um lado, a valorização da cidade se dava em detrimento do não-urbano, genericamente identificado não-civilizado; por outro, a intensidade das mudanças motivava a produção de representações culturais sobre os elementos singulares e tradicionais dessas mesmas cidades. A partir de uma abordagem multidisciplinar, o presente texto analisa a produção e circulação de representações fotográficas e crônicas de costumes publicadas em revistas ilustradas latino-americanas que abordaram as tensões entre cosmopolitismo e singularidade por meio da noção de pitoresco. O objetivo é compreender em que medida estas representações produziram um imaginário de pitoresquismo ao abordar costumes associados aos tipos urbanos como características tradicionais que, num momento de intensa modernização, preservavam uma imagem de singularidade que não se queria perder totalmente face ao cosmopolitismo da cidade moderna latino-americana."

No quarto capítulo, *Inter(agir)cultural – visões e ações na tríplice fronteira Argentina – Brasil – Paraguai*, a autora **Laura Janaína Dias Amato** nos fornece um espaço para avanço nas reflexões que esta obra vem favorecendo: "Canclini (2001) afirma que "todas as culturas são de fronteira" e desta forma, todas as fronteiras (geográficas ou imaginárias) são privilegiadas por serem híbridas e complexas. O conceito de fronteira como lócus multicultural e como constituidora de identidades flutuantes (ABDALA JUNIOR, 2012) é latente em ações e práticas realizadas na paisagem da tríplice fronteira entre Argentina - Brasil – Paraguai. Fronteiras estas que proliferam linguagens e ressignificam ou até mesmo transsignificam identidades. Novas formas e *desings* são constantemente apresentados nesse local, mas muitas vezes pouco observados pelos viventes locais. O artigo em questão pretende apresentar e discutir resultados de pesquisas de campo feitas na região da tríplice fronteira Argentina – Brasil – Paraguai realizadas nas disciplinas de graduação do curso de Letras – Artes e Mediação Cultural da Universidade Federal da Integração Latino-Americana, em Foz do Iguaçu – Paraná – Brasil. A partir do conceito de Paisagem Linguística (CENOZ & GORTER, 2008) analisaremos como políticas de linguagens são constituídas neste espaço pluricultural, discutindo o valor linguístico e cultural das línguas (oficiais e extraoficiais) que circulam neste ambiente, a partir de intervenções urbanas, tanto realizadas por meio impresso, tanto como feitas a partir de ações etnográficas. Além disso, exploraremos como a paisagem linguística dessa região trinacional afeta a construção de uma possível identidade fronteiriça".

No quinto capítulo, o texto *Estado Nación Iberoamericano, Reflexiones sobre sus Desafios Idenditarios*, de autoria de **Samuel Quirino Oliveros Calderón**, nos fornece elementos para a compreensão de práticas de ensino-aprendizagem de língua estrangeira a partir de sua visão sócio-histórica sobre as questões Estado, Nação e Identidade: "En el articulo se aborda de forma comparativa la matriz del proceso de formación y evolución del Estado nación en Iberoamerica, la particularidad de la génesis de ese proceso que condujo a la formación de Estados nacionales mediante la concepción de modelos monolingues y monoculturales, en correspondencia con los intereses de clases y sectores sociales que lo implementaron, patrocinadores de los problemas congénitos de nuestra sociedad, vinculados con la desintegración nacional y la exclusión cultural; en el contexto de un dilatado medio geográfico con rica diversidad antropológico cultural. Se ponen de relieve las contradicciones que se profundizan como resultado del camino recorrido desde el espacio colonial al nacional. Partimos de la valoración de que el Estado no se da naturalmente sino como una invención del hombre a partir de diversos referentes históricos e identitarios, de los procesos antropogeográficos y socioculturales; entre los cuales la cultura y la lengua tienen un peso considerable, como lo demuestra la experiencia iberoamericana, al interactuar esos referentes con los complejos problemas del desarrollo de las nacionalidades y naciones, cuyos componentes interactuaron dialécticamente en el transcurso de su devenir histórico en la región. Se concluye con la trascendencia del fenómeno sociocultural, en la formación del Estado nacional y la necesidad de su transición hacia una nueva cualidad integradora pluricultural y multinacional, en la que el papel de la diversidad cultural y lingüística se constituyen, junto a otros factores, en eslabones fundamentales de la existencia de la nueva sociedad."

La discursividad en la enseñanza de Lenguas Adicionales, de autoria de **Iván Alejandro Ulloa Bustinza**, dá sequência a esta obra, com enfoque no ensino de Espanhol como Língua Adicional. Realizase en su artículo "una aproximación a la enseñanza y aprendizaje de Lenguas Adicionales basada en la práctica discursiva y en la interculturalidad. Partiendo de la Lingüística Textual y de otras corrientes lingüísticas, como el Análisis Crítico del Discurso o la Literacidad Crítica, se proponen diferentes maneras de ejercitar esta discursividad a través de la comprensión y producción de diferentes clases textuales y discursivas, como los géneros académicos, los periodísticos y los literarios. Se propone, además, el aprendizaje cooperativo como forma privilegiada de enseñanza - aprendizaje de lenguas adicionales, y se incluyen dos propuestas prácticas de actividades cooperativas: la tertulia literaria dialógica y el taller de escritura creativa, que pueden contribuir a introducir la discursividad en las clases de lengua adicional."

No capítulo sete, intitulado *Prácticas plurilingües e intercomprensión: propuesta de enseñanza para contextos académicos*, **Angela Maria Erazo Munoz & Valdilena Rammé** apresentam uma proposta bastante recente em ensino-aprendizagem de língua estrangeira na academia: "A partir de nuestra experiencia docente e investigativa en torno a las propuestas de educación y comunicación académica bi/plurilingüe, deseamos presentar en este trabajo una reflexión sobre la potencialidad de la intercomprensión entre lenguas romances como práctica comunicativa en contextos educativos, así como herramienta didáctica para la enseñanza/aprendizaje de contenidos y lenguas extranjeras. As autoras consideram que "La intercomprensión se puede definir como un método y una práctica lingüística, que busca el desarrollo de la capacidad de acceder a la comprensión de un contenido y/o lengua extranjera o variantes de una lengua, mediante estrategias de decodificación basadas en el conocimiento de la propia lengua materna o de otras lenguas y culturas (Jamet, 2010; Meissner *et al.*, 2004). Es así como enmarcadas en las líneas teóricas de la didáctica del plurilingüismo (Gajo, 2006), iniciamos en 2016, en la Universidad Federal de Integración Latinoamericana (UNILA), la solicitud de la inclusión de la enseñanza de la Intercomprensión como disciplina optativa para la carrera de Lenguas extranjeras LEPLE (Espanhol e Português como Línguas Estrangeiras) y otras carreras. Declaram sobre o cenário onde defendem a prática da intercompreensão: "La UNILA, es una institución, situada en frontera entre Argentina, Brasil y Paraguay, fue construida bajo los conceptos de integración, interdisciplinariedad y bilingüismo (español / portugués). Desde 2010, la universidad recibe estudiantes de varios países y de diversos ambientes escolares y socioculturales, que acceden a un entorno en donde se ven enfrentados a convivir y llevar procesos de aprendizaje en lenguas y culturas académicas diversas. Es así como la oferta de disciplina como la que hemos propuesto se encaja en el desarrollo de un enfoque global de la educación plurilingüe (Coste, 2005) promoviendo no sólo la comunicación plurilingüe como la aproximación a las lenguas y culturas que constituyen nuestro continente. De este modo, presentaremos reflexiones sobre el proceso de la planificación, organización así como consideraciones sobre los resultados actuales de esta experiencia innovadora que cuenta con gran aceptación en un buen número de universidades brasileras."

Em seguida, expondo uma abordagem bastante recente em seu capítulo "Práticas translíngues, transculturais e decoloniais no ensino-aprendizagem de Português Língua Adicional na UNILA: saberes transfronteiriços", **Henrique Rodrigues Leroy** tem por objetivo "[...] discutir sobre como as práticas translíngues (CANAGARAJAH, 2013; GARCÍA & WEI, 2014), transculturais (GUILHERME & DIETZ, 2014; DE SOUZA, 2017) e decoloniais (MIGNOLO, 2013) são manifestadas na sala de aula de Língua Portuguesa Adicional (PLA) da Universidade Federal da Integração Latino-Americana (UNILA), sediada na cidade de Foz do Iguaçu, Paraná, Brasil, na região da Tríplice Fronteira com a Argentina e o Paraguai. Tais manifestações translinguajeiras, transculturais e decoloniais em sala de aula de PLA em contexto de fronteira são advindas de textos escritos produzidos pelos educandos para seus trabalhos finais da disciplina de PLA. Espera-se, assim, que as atividades aplicadas no contexto de sala de aula de PLA possam recombinar, ressignificar e visibilizar as vozes do Sul performadas pelos trans-sujeitos educandos, fazendo com que essas vozes sejam ouvidas. Tais ações abrem possibilidades para que esses trans-sujeitos em constante estado de libertação (FREIRE, 2013) transitem por uma multiplicidade de lugares, colaborando ativamente nas diversas redes configuradas pelos territórios transfronteiriços e superando, cada vez mais, os discursos, epistemologias e ideologias modernas, colonizadoras e opressoras, trazendo à tona a desobediência epistêmica e a descolonização acadêmica (MIGNOLO, 2013)."

No penúltimo capítulo, trazemos um capítulo sobre o ensino de inglês, para contribuir com reflexões em torno dessa questão, sempre atual. Em *Língua inglesa, discurso e ensino: apontamentos sobre dois projetos de extensão na UNILA*, a autora **Laura Fortes** traz um relato de experiências vivenciadas em dois projetos de extensão que coordenamos na UNILA: *Língua inglesa, discurso e ensino* e *O inglês como prática translíngue: ensino, discurso e subjetividade*. Ambos os projetos tiveram como foco principal o desenvolvimento de atividades acadêmicas voltadas ao estudo da língua inglesa e seu ensino, a fim de criar oportunidades de reflexão sobre os discursos produzidos em torno dessa língua. Foram dois os principais temas teóricos/conceituais discutidos dos projetos: 1) a globalização e sua influência na construção de imaginários que permeiam os processos de ensino de línguas na contemporaneidade, especialmente a língua inglesa; 2) os contrastes entre as concepções de língua como sistema/estrutura e as concepções de língua como práticas sociais e como práticas translíngues, por um viés discursivo, possibilitando a compreensão dos processos de produção de sentidos em que estão em jogo ideologias, historicidades e subjetividades. As principais etapas de trabalho adotadas junto aos bolsistas que participaram dos projetos foram: 1) a elaboração de um cronograma para a organização das atividades, tais como estudos teóricos, eventos (oficinas) e cursos; 2) a elaboração de questionários para o levantamento de dados sobre a comunidade acadêmica; 3) as estratégias de divulgação interna e externa; 4) o planejamento das sequências didáticas e materiais para as atividades. No decorrer dos projetos, buscou-se desenvolver uma interlocução com outras áreas do conhecimento por meio de estudos teóricos orientados à interdisciplinaridade, à integração e à interculturalidade, em alinhamento com o projeto institucional da UNILA, visando construir uma compreensão dos sentidos atribuídos à língua inglesa e seu ensino em meio à diversidade de contextos multilíngues e translíngues." A autora conclui que "em meio a desafios e possibilidades do percurso empreendido nesses projetos, a participação em análises discursivas e o envolvimento com intervenções didático-pedagógicas sustentaram um debate qualificado sobre a diversidade da língua inglesa, frente aos discursos hegemônicos que reforçam as identidades coloniais evocadas pelos imaginários sobre as línguas na/da América Latina.".

Finalizando essa obra, o texto *Cultura- Valores- Educación: Una Tríada en Perspectiva Intercultural*, de **Maria Luz Mejias Herrera,** mostra, como o próprio título indica, a necessidade de um trabalho pedagógico pautado nesse trio conceptual: "Los desafios inmersos en el panorama mundial actual tienen que ver, en gran medida, con el tema de la cultura y las prácticas culturales autóctonas de los pueblos, las cuales expresan en su devenir una práxis de reivindicaciones sociales, de resistências y de intentos de desplazamientos de sus contextos originários. Esta problemática exige una perspectiva de análisis intercultural, que profundice en la propia concepción de la cultura como práctica social y autoproducción, como processo pedagógico-educativo de aprendizaje y generador de valores sociales. Este trabajo constituye una reflexión intercultural, epistémica y filosófica sobre la perspectiva intercultural, haciendo énfasis en conceptos y processos sustanciales que recaban una necesária articulación en las propuestas curriculares y en la práxis cultural y social de los proyectos de integración. La interculturalidad presupone una visión sobre nuevas formas de concebir las prácticas culturales a partir concebir el diálogo entre las culturas como formas de convivências desalienadoras, que incluya el autoreconocimiento y establezca normas que tienen que ver con la producción del conocimiento, la utilización del lenguaje, la problemática axiológica y los objetivos educativos a alcanzar. En su plataforma se percibe una orientación filosófica por la forma en que explica y plantea el análisis contextual de la filosofia y de la cultura, sin omitir el vínculo con los procesos identitarios y culturales. El trabajo ofrece igualmente una visión que inter-relaciona três procesos esenciales para sostener una perspectiva sobre la práctica intercultural."

Como pode ser vislumbrado, os textos, já em si mesmos, possuem olhares multilaterais da questão apresentada, o que, sem dúvida, muito contribuirá para a compreensão de nossa UNILA, que visa preparar tanto sua comunidade interna, quanto a comunidade externa, para esse mundo global em que vivemos.

Desejamos aos nossos leitores uma leitura bastante prazerosa.

Francisca Paula Soares Maia

1. CONTROLE SOBRE TRABALHADORES ESTRANGEIROS NOS ESTADOS UNIDOS, NA ARGENTINA E NO BRASIL ENTRE O FINAL DO SÉCULO XIX E INÍCIO DO XX

ENDRICA GERALDO

Introdução

Brasil, Argentina e Estados Unidos foram países que viveram o desenvolvimento de medidas repressivas em relação aos imigrantes associados às mobilizações e greves operárias realizadas em seus territórios em períodos relativamente próximos. Nos três casos, a existência de elevadas taxas de imigração no final do século XIX, e ainda no início do século XX, resultou em uma presença significativa de imigrantes nas classes trabalhadoras e nos movimentos operários. [1] A busca por formas de controle dos fluxos migratórios internacionais e das classes trabalhadores era uma questão comum a várias nações nesse mesmo período. Entretanto, investigar algumas relações mais específicas entre os governos e classes dirigentes dessas três nações com relação aos projetos e experiências de controle sobre trabalhadores imigrantes pode contribuir para uma compreensão mais ampla das condições enfrentadas por estes.

Em alguns momentos, as iniciativas de restrição e controle adotadas por um dos três países possuíram conseqüências diretas sobre o fluxo migratório que se dirigia aos outros. Após a criação de uma série de medidas contra imigrantes japoneses em 1902 e em 1907, os Estados Unidos finalmente interrompeu o ingresso desses imigrantes ao realizar o "Acordo de Cavalheiros", o *Gentlemen's Agreement*, com o Japão em 1908. Nesse mesmo ano, um acordo entre Brasil e Japão deu início oficial a uma imigração estimulada e, durante certo período, subsidiada por uma das duas nações. [2] Outro exemplo dessa relação pode ser vislumbrado com a aprovação de leis norte-americanas na década de 1920. Alguns grupos diretamente atingidos por essas medidas, como os imigrantes vindos da Europa central, buscaram então a Argentina como destino, onde passaram a enfrentar também a criação de projetos de controle e restrição. [3]

---

[1] Herbert S. Klein, "Migração internacional na história das Américas", in: Boris Fausto (org.) *Fazer a América*. São Paulo: Editora da Universidade de São Paulo, p. 25. David S Fitzgerald; David Cook-Martín. Culling the Masses: The Democratic Origins of Racist Immigration Policy in the Americas. Cambridge, Mass.: Harvard University Press, 2014.

[2] Célia Sakurai. "Imigração japonesa para o Brasil: um exemplo de imigração tutelada (1908-1941)", in: Boris Fausto (org.) *Fazer a América, op. cit.*

[3] Fernando Devoto, "El revés de la trama: políticas migratorias y prácticas administrativas en la Argentina (1919-1949)", *Desarrollo Económico*, vol. 41, n. 162, pp. 281-304, (julio-setiembre de 2001), p. 283.

Essas relações também ocorreram no plano legislativo, pois não era incomum que os legisladores citassem exemplos das políticas repressivas de outros países para defenderem seus argumentos e aprovarem seus projetos. Quando as primeiras leis republicanas de expulsão foram elaboradas no Brasil como forma de combate ao movimento operário, elas enfrentaram uma grande polêmica em função da sua inconstitucionalidade: a Constituição de 1890 garantia que estrangeiros residentes não poderiam ser deportados. A lei de expulsão de 1907[4] sofreu, portanto, algumas alterações em 1912. Para combater o direito constitucional dos estrangeiros com base no tempo de residência, o autor da lei, Adolpho Gordo, citou exemplos de vários países durante o discurso que realizou no Congresso em 1912. Entre os exemplos, o deputado citou a lei de 20 de fevereiro de 1907 nos Estados Unidos (que incluía a expulsão de anarquistas) e, mais detidamente, a chamada Lei de Residência argentina, de 1902.[5]

O período que compreende a virada do século foi marcado por grandes manifestações e greves operárias seguidas por ondas repressivas que incluíam ataques às sedes das organizações e da imprensa operária, prisões e deportações. Essas ações repressivas foram acompanhadas por debates e elaboração de leis destinadas a fundamentar um controle mais rigoroso sobre o ingresso e sobre as ações dos estrangeiros em território nacional. Esses conflitos assumiram novas dimensões com o final da I Guerra e a Revolução Russa. A partir da década de 1920, além das medidas destinadas especificamente a legalizar as expulsões de estrangeiros, as três nações também desenvolveram processos mais ou menos semelhantes na elaboração de leis que restringiam o ingresso de novos imigrantes.

Política imigratória dos Estados Unidos
Em medidas adotadas em 1921 e 1924, os Estados Unidos criaram um sistema de cotas que restringia a entrada de novos imigrantes por um índice de 2% a partir da origem nacional. Outra questão tratada por essa lei se referia aos estrangeiros que podiam ou não conseguir a cidadania americana. Chineses, japoneses e os originários do sul da Ásia foram excluídos principalmente nessa segunda medida. Enquanto as cotas seriam aplicadas especialmente para a Europa, os asiáticos foram considerados como "ineligible to citizenship", justificando a restrição imigratória.[6] Essa medida foi citada durante a elaboração de ações na Argentina e no Brasil. Além disso,

---

[4] Decreto 1641, 7 de janeiro de 1907.

[5] Discurso pronunciado na sessão de 29 de novembro de 1912, in: Adolpho Affonso da Silva Gordo. A Expulsão de Estrangeiros: discursos pronunciados na Câmara dos Deputados, nas sessões de 29 de novembro e de 14 de dezembro de 1912. São Paulo: Espindola & Comp., 1913.

[6] Mae M. Ngai. *Impossible subjects: illegal aliens and the making of modern America*. Princeton and Oxford.: Princeton University Press, 2004, p. 60.

o Brasil também viria a aprovar um sistema de cotas a partir da origem nacional na Constituição de 1934.[7]

Com o desenvolvimento dessas políticas de controle e repressão, grupos distintos foram atingidos. Muitos imigrantes passaram a sofrer restrições para o ingresso nesses países, dificuldades para conquistarem ou verem seus direitos respeitados, além de serem alvos de ações de deportação, as quais cresceram significativamente na década de 1920. Nos Estados Unidos, por exemplo, o *Immigration Act of 1924* possibilitou um crescimento acentuado no número de deportações, passando de 2.762 em 1920 para 9.425 em 1925 e para 38.796 em 1929. Na Argentina, cerca de 500 indivíduos foram deportados na primeira semana após a aprovação da lei em 1902.[8] O número de expulsões realizadas no Brasil após a lei de 1907, no entanto, não é preciso, pois elas continuaram a ser realizadas muitas vezes de forma ilegal. Ainda assim, algumas estatísticas indicam que 243 estrangeiros foram expulsos entre 1907 e 1912 e 130 indivíduos foram expulsos no mesmo ano da aprovação da lei, número que só foi superado após a Reforma Constitucional de 1926.[9]

A bibliografia sobre o controle e repressão aos imigrantes no final do século XIX e início do século XX nos Estados Unidos é bastante numerosa. É possível notar, no entanto, algumas mudanças no foco dos debates ao longo dos anos. Parte dos estudiosos, desde a década de 1960, direcionou sua atenção ao fato de que a associação entre imigrantes e movimentos de esquerda favoreceu o desenvolvimento de políticas severas e excludentes de imigração, naturalização e deportação. Nas últimas décadas, ganharam espaço investigações que discutiam o significado das questões étnicas nas organizações operárias e também análises que buscaram enfatizar o caráter racializado dessas mesmas políticas.

Nos Estados Unidos, as mobilizações operárias do período entre 1916 e 1922 foram consideradas como a maior e mais longa onda de greves de sua história, envolvendo milhões de trabalhadores. Entre algumas características importantes dessas greves, segundo Montgomery, estavam o fato de que muitas cobriram vastas áreas geográficas, deram novo ímpeto para a formação de sindicatos industriais e, além disso, os imigrantes desempenharam um papel proeminente.[10] O censo de 1920 indicava que cerca de 13% de toda a população era constituída por estrangeiros,

---

[7] Artigo 121, "Constituição da República dos Estados Unidos do Brasil – promulgada a 16 de julho de 1934"; e Artigo 151 em "Constituição dos Estados Unidos do Brasil – decretada a 10 de novembro de 1937". *Constituições do Brasil*. São Paulo: Atlas, 1979.

[8] Iaacov Oved. *El anarquismo y el movimiento obrero en Argentina*. México: Siglo Veintiuno, 1978, p. 275.

[9] Rogério L. G. Giampietro Bonfá. "Com lei ou sem lei": as expulsões de estrangeiros e o conflito entre o Executivo e o Judiciário na Primeira República. Campinas, SP: Dissertação de Mestrado, IFCH, Unicamp, 2008, p. 92-93.

[10] David Montgomery, "Immigrants, Industrial Unions, and Social Reconstruction in the United States, 1916-1923", *Labour/Le Travail*, 13, 101-113 (Spring 1984), p. 104.

possivelmente chegando a 35% se considerados os filhos de imigrantes. As três comunidades de imigrantes mais estabelecidas - alemães, irlandeses e britânicos - foram extremamente importantes na formação de sindicatos e no fornecimento de lideranças.[11] Além disso, as comunidades étnicas e o nacionalismo dos imigrantes influenciaram o curso desses conflitos. O nacionalismo influenciou especialmente imigrantes recentes em suas relações com as lutas operárias, pois líderes de classe média cultivavam os movimentos de independência entre poloneses, croatas, eslovacos, finlandeses, italianos e outros trabalhadores durante a guerra.

Mas o nacionalismo também influenciou o desenvolvimento dos sindicatos e das greves nas indústrias têxteis, metalúrgicas, químicas e outras após a guerra, pois a mobilização entre os imigrantes recentes mostrava-se muito mais baseada na comunidade étnica do que nas relações dos locais de trabalho, permitindo que as greves durassem mais tempo com o apoio e a participação da comunidade.

Apesar disso, o comportamento dos imigrantes geralmente expressava um profundo senso de internacionalismo. Embora os imigrantes recentes vinculados à indústria têxtil não se relacionassem com o *Industrial Workers of the World* (I.W.W.) ou com a *American Federation of Labor Textile*, formavam coalizões com ativistas locais e podiam iniciar novas associações. Na indústria metalúrgica, a AFL conseguiu recrutar entre imigrantes recentes. Assim, com a dimensão que a onda de greves e paralisações passou a alcançar e com a evidência da participação de imigrantes nesses eventos, uma série de medidas repressivas foi desenvolvida. Após a greve geral em Seattle, em fevereiro de 1919, multiplicaram-se as ações policiais contra os membros do I.W.W., do *Union of Russian Workers*, dos partidos comunistas e grupos anarquistas.[12] A repressão que se seguiu a esses movimentos alcançou a dimensão de um ataque de massas na perseguição movida contra os radicais de esquerda entre novembro de 1919 e janeiro de 1920. Em ações coordenadas pelo procurador geral A. Mitchel Palmer, milhares de trabalhadores imigrantes foram presos no que ficou conhecido como "Palmer raids". Em seguida, cerca de quinhentos foram deportados em um cenário marcado pelo crescimento do "medo vermelho".

Nas décadas de 1950 e 1960, os estudiosos questionavam o significado dos grandiosos ataques aos imigrantes militantes no período entre 1919 e 1920. Murray havia interpretado o "medo vermelho" em 1919-1920 como conseqüência da I Guerra Mundial e da Revolução Russa de 1917, onde o "delírio de deportações" ou o *Palmer raids* apareciam como aberrações em um período específico de histeria e medo anti-radical.[13] Para Preston, no entanto,

---

[11] *Ibid.*, p. 108-109.
[12] *Ibid.*, p. 103.
[13] Robert K Murray. *Red Scare: a study in National Hysteria.* Minneapolis, 1955.

a virulência dessas perseguições acabou por obscurecer o fato de que "o caminho para estes incidentes havia sido traçado muitos anos antes", e seus antecedentes estavam nos períodos de depressão das décadas de 1880 e 1890. Nesse período, para o autor, havia se consolidado a associação entre estrangeiros e radicais, apesar de numerosas evidências em contrário.[14]

O tratamento anti-democrático realizado pelo governo federal contra estrangeiros e radicais ocorria desde os anos 1890. As políticas se acentuaram em períodos de crises sociais mais intensas como em 1903, que resultou na publicação de um *Immigration Act*. A fundação do "Industrial Workers of the World (I.W.W.) em 1905 deu início à maior e mais temida organização radical no país. O recrudescimento do nativismo na segunda década do século exagerou o peso do crescimento do I.W.W. e novamente as políticas adquiriram um tom anti-radical e anti-estrangeiro. Antes da guerra, portanto, havia manifestações de interesse por uma legislação de deportação mais severa e por uma aplicação mais rigorosa da lei de naturalização.[15]

As grandes greves de 1877 e 1894 haviam sido facilmente classificadas como insurreições domésticas, o que resultou no envio de tropas pelo governo para debelá-las. As greves e paralisações promovidas pelo I.W.W. em 1917 não mais se enquadravam nesse critério, mas afetaram áreas importantes para o prosseguimento da guerra, levando a uma nova onda de medidas repressivas. A febre nativista do período reforçava o equívoco da identificação entre estrangeiros e radicais, e isso, para Preston, levou ao *Immigration Act of 1918* que tornou possível o caráter de massa de *Palmer raids*. Entre 1919 e 1920, o Departamento de Imigração promoveu um tratamento anti-democrático contra esses imigrantes, e a guerra forneceu uma boa desculpa para o uso de tropas e julgamentos para a eliminação do radicalismo. A campanha contra os estrangeiros culminou com as restrições imigratórias de 1921 e 1924, e com o sistema de cotas. Mais do que isso, o Departamento de Imigração levou para a deportação de radicais as mesmas táticas abusivas utilizadas na apreensão e remoção de todos os estrangeiros.[16]

O caso argentino
Desde o final do século XIX, os conflitos sociais e as manifestações operárias

---

[14] De acordo com Preston, "Com a ascensão do nativismo, o país iniciou um movimento de restrição e estabeleceu procedimentos de imigração e deportação de natureza sumária e não judicial. Na mesma época, uma identificação fatídica e equivocada entre estrangeiro e radical foi fortemente implantada na mente do público. O conservadorismo básico do imigrante camponês, com seu anseio pela tradição, *status*, e autoridade, teve pouca influência contra o medo nativista do extremismo estrangeiro. Nem mesmo o repúdio de imigrantes por vários movimentos radicais suavizaram o estereótipo". William Preston, Jr. *Aliens and Dissenters: federal suppression of radicals, 1903-1933*. Urbana and Chicago: University of Illinois Press, 1994 (1a ed. 1963), p. 4.
[15] *Ibid.*, p. 4-5.
[16] *Ibid.*, p. 5-10.

na Argentina também envolveram a participação significativa de imigrantes, com grande destaque para o crescimento do anarquismo, especialmente entre trabalhadores de origem espanhola ou italiana.[17] Logo após a virada do século, militantes socialistas e anarquistas criaram a *Federación Obrera Argentina* e promoveram grandes greves entre 1900 e 1902. Em 1900, a greve dos trabalhadores portuários envolvia cerca de 4000 indivíduos, e o movimento cresceu em 1901, atingindo outros setores como padeiros e trabalhadores das ferrovias entre outros. Com a repercussão das revoltas e alguns resultados favoráveis aos trabalhadores, o anarquismo ganhava uma expressão cada vez maior.[18]

A intensificação dos conflitos, com ataques à sede da *Federación Obrera*, fechamento de sindicatos, confisco de documentos prisões de trabalhadores, provocou a greve geral a partir de 22 de novembro de 1902.[19] A resposta veio com a aprovação de uma lei inconstitucional baseada em exemplos de leis repressivas na França, Estados Unidos e Itália. A lei 4144 estabelecia a deportação de cidadãos de origem estrangeira acusados de ameaça à ordem ou à segurança nacional, como uma forma de combater as reivindicações operárias. O projeto do senador Miguel Cané era de 1899, mas só sancionada pelo Congresso Nacional em 22 de novembro de 1902. A lei permitia ao Poder Executivo expulsar do país qualquer estrangeiro condenado ou acusado por tribunais estrangeiros, por crimes de direito comum e por ameaça da segurança nacional ou distúrbio da ordem pública.[20] Na primeira semana após a sanção da lei, 500 indivíduos foram deportados, o que desencadeou uma greve promovida pela *Federación Obrera Argentina*. O período que se seguiu foi marcado pelo Estado de sítio, deportações, censura à imprensa, fechamento de centros culturais e sociedades de resistência. Em junho de 1910 foi sancionada a *Ley de Defensa Social*, que incluía a proibição do ingresso de anarquistas no país, penas de prisão e pena de morte.

Brasil

No Brasil, os trabalhadores imigrantes apresentaram uma grande participação no movimento operário e nas suas reivindicações por direitos ao longo desse mesmo período. A presença marcante de imigrantes no movimento operário durante o início do período republicano esteve diretamente relacionado à intensidade do processo migratório vivido então pelo país e que possuiu

[17] Tulio Halperin Donghi, "Para qué la inmigración? Ideología y política inmigratoria en la Argentina (1810-1914)", in: *El espejo de la historia: problemas argentinos y perspectivas hispanoamericanas.* Buenos Aires: Editorial Sudamericana, 1987, p. 221.
[18] Gabriela Costanzo. *Los indeseables: las leyes de Residencia y Defensa Social.* Buenos Aires: Madreselva, 2009, p. 19-30.
[19] Ibid., p. 31-32. Ver também Yaacov Oved. El anarquismo y el movimiento obrero en Argentina, op. cit., p. 235-282.
[20] Gabriela Costanzo. Los indeseables: las leyes de Residencia y Defensa Social, op. cit., p. 40-42.

características diferentes ao longo do seu território.[21] Apesar disso, a maioria dos imigrantes não demonstrou grande desejo de se envolver em estratégias políticas e reivindicações coletivas.[22] A própria imprensa operária explicitava a indignação de alguns militantes como esse desinteresse e denunciava que grande parte dos imigrantes estariam muito mais preocupados com objetivos econômicos de curto prazo.[23] Porém, na onda de greves que se iniciou no Brasil em 1917, a participação dos trabalhadores imigrantes chamou a atenção até mesmo do militante anarquista Gigi Damiani, o qual afirmou que os operários estrangeiros então "começavam a preocupar-se seriamente com as suas condições de salário e de vida na terra que se tornara, por força das coisas, a sua nova pátria".[24]

Estes trabalhadores enfrentaram estratégias que possuíam como principal objetivo controlar e limitar a sua presença especialmente nas associações operárias e nos movimentos de reivindicação por direitos e melhorias econômicas e sociais. No desenvolvimento de estratégias destinadas a desmantelar o movimento operário, os trabalhadores estrangeiros estiveram bastante vulneráveis, em especial com a criação das primeiras leis e dispositivos republicanos promulgados com o decreto 1641, de 7 de janeiro de 1907, com emendas em 1912 e o decreto 4269, de 17 de janeiro de 1921, e ainda com a Reforma Constitucional de 1926.[25] A imprensa operária passou então a argumentar que muitos desses imigrantes já se encontravam no país há tempo o suficiente para alcançar o direito de serem tratados como brasileiros. A principal base deste argumento era o artigo 72 da primeira Constituição Federal republicana, de 1891, que assegurava direitos "a brasileiros e a estrangeiros residentes no País", e abolia a pena de galés e de banimento judicial.[26]

Histórias conectadas

Nos três países, portanto, os governos e as classes dirigentes passaram a

[21] Lená Medeiro de Menezes. Os indesejáveis: desclassificados da modernidade. Protesto, crime e expulsão na Capital Federal (1890-1930). Rio de Janeiro: EdUERJ, 1996, p. 62-63. Michael M. Hall, "Imigrantes na cidade de São Paulo", in: Paula Porta (org.). *História da Cidade de São Paulo: a cidade na primeira metade do século XX*, São Paulo: Paz e Terra, v. 3, p. 120-151, 2004, p. 121. Michael M. Hall, "O movimento operário na cidade de São Paulo, 1890-1954", in: Paula Porta (org.). *História da Cidade de São Paulo: a cidade na primeira metade do século XX*, São Paulo: Paz e Terra, v. 3, p. 258-289, 2004, p. 260.

[22] *Ibidem*, p. 262.

[23] Sheldon Leslie Maram. *Anarquistas, imigrantes e o movimento operário brasileiro, 1890-1920*. Rio de Janeiro: Paz e Terra, 1979, p. 30-33. Ver também HALL, Michael M., "O movimento operário na Cidade de São Paulo: 1890-1954", *op. cit.*, p. 262-263.

[24] Gigi Damiani. *La questione sociale nel Brasile*. Milano: Umanità Nuova, 1920, p.32.

[25] Rogério L. G. Bonfá. "'Com lei ou sem lei': as expulsões de estrangeiros na Primeira República". *Cadernos AEL*, Campinas: IFCH/UNICAMP/AEL, 2009, 133-179.

[26] Coleção das Leis da República dos Estados Unidos do Brazil de 1891. *Constituição da República dos Estados Unidos do Brasil*. Rio de Janeiro: Imprensa Nacional, 1892, p. 17.

atribuir aos trabalhadores imigrantes grande parte da responsabilidade pelas organizações operárias e manifestações grevistas. Além disso, a fragilidade dos direitos desses indivíduos em cada um desses territórios possibilitava a utilização de uma ação repressiva além daquelas que atingiam os trabalhadores nativos. Isto é, além das prisões, fechamento de jornais e associações, entre outras, os trabalhadores estrangeiros podiam ser também deportados. Há uma dificuldade, no entanto, para a realização de uma comparação entre o número de imigrantes expulsos em cada nação. O número de deportados no Brasil não é muito confiável e parece não haver um levantamento específico sobre as expulsões na Argentina ao longo desse período. Ainda assim, os números existentes indicam que as deportações no Brasil possuíram uma dimensão numérica muito menor do que nas outras duas nações.

Além disso, há ainda uma interpretação distinta sobre o processo de construção das políticas de imigração e deportação. Alguns autores têm destacado o caráter racializado no desenvolvimento desse processo.[27] Embora as restrições federais para o ingresso de imigrantes existissem desde 1875, o número de grupos que podiam ser excluídos cresceu ao longo da década de 1880. Já no século XX, o *Immigration Act of 1917* acabou incluindo novas categorias e sanções mais severas e, pela primeira vez, definia fundos para a aplicação das medidas. Além disso, imigrantes anarquistas e comunistas se tornaram alvo de ações duras logo após o fim da I Guerra e o número de deportações disparou na década de 1920.[28]

Nesse período, para Ngai, além da ênfase da importância assumida pelas deportações e pela criação da "imigração ilegal" e dos mecanismos para seu controle, chama a atenção o fato de que essas políticas estiveram profundamente marcadas por critérios raciais especialmente contra imigrantes mexicanos e asiáticos. Além disso, as políticas de imigração ajudaram a criar um proletariado mexicano migratório e agrícola, uma força de trabalho transnacional e racializada composta por várias categorias, mas que ficava excluída das definições convencionais da classe operária americana e do "corpo nacional".[29]

---

[27] A importância da questão racial aparece nos estudos de Ngai principalmente em função da sua análise das políticas em relação ao ingresso de imigrantes, e nas restrições para sua incorporação como cidadãos americanos. Mae M. Ngai. *Impossible subjects: illegal aliens and the making of modern America, op. cit.* Por outro lado, David R. Roediger tem discutido como a questão racial e étnica permeou o próprio processo de inserção de muitos imigrantes no mercado de trabalho, defendendo que alguns grupos de imigrantes conseguiram transformar seu *status* racial ao longo do tempo, tornando-se trabalhadores "brancos". David R. Roediger. *Working toward whiteness: how America's immigrants became White – the strange Journey from Ellis Island to the Suburbs.* New York, N.Y.: Basic Books, 2005.

[28] Mae M. Ngai. Impossible subjects: illegal aliens and the making of modern America, op. cit., p. 59-60.

[29] *Ibid.*, p. 128-129.

Baseado em concepções eugenistas, o Congresso norte-americano aprovou um sistema de cotas no *Immigration Act of 1924*. Essa lei determinava um limite para a entrada de imigrantes que ficou estipulado em 150.000 pessoas por ano. Cotas permanentes deveriam entrar em vigor em julho de 1927. Até essa data, cotas provisórias seriam aplicadas. As cotas foram enfim proclamadas pelo Presidente Herbert Hoover em 1929. Para Ngai, o *Immigrantion Act of 1924* envolveu uma reconstrução de categorias raciais, em que os conceitos de raça e nacionalidade puderam ser reformulados. Nesse processo, foram criadas hierarquias entre os imigrantes desejáveis europeus, enquanto os não-europeus como japoneses, chineses, mexicanos e filipinos tornaram-se uma espécie de estrangeiros permanentes e inassimiláveis para a nação.[30]

A condição de impossibilidade para alcançar a cidadania foi destinada a todos os asiáticos, os quais não possuíam o direito de se naturalizar, e o mesmo se aplicava a seus descendentes. Essa condição foi incluída na lei de 1924 para justificar a exclusão total destes do processo imigratório.[31]As restrições numéricas impostas pelo *Immigration Act of 1924* foram acompanhadas pela definição do ingresso ilegal no país.[32] Apesar dessas medidas, a imigração ilegal adquiriu proporções massivas e a deportação se tornou um elemento central na política imigratória na década de 1920.

Entretanto, essa situação gerava uma série de novos problemas de ordem administrativa, jurídica e constitucional, que eram praticamente inexistentes no final do século XIX, quando muitos estrangeiros puderam ser expulsos sumariamente. Nos anos 20, essa repressão teve que lidar com questões, por exemplo, sobre como as restrições deveriam ser aplicadas, como era definida a soberania e, ainda, se imigrantes ilegais possuíam direitos. Como resultado desses problemas, a política de deportação passou por uma reforma legal na década de 1930. A aplicação dessas medidas, de acordo com Ngai, também assumiu um caráter altamente racializado, pois enquanto os imigrantes mexicanos se transformavam em um símbolo da imigração ilegal, canadenses e europeus foram dissociados da categoria real e imaginada de estrangeiro ilegal.[33]

Os políticos argentinos, por sua vez, já se mostravam muito preocupados com o controle sobre imigrantes, quando o senador Miguel Cané apresentou um projeto de lei no ano de 1899 a respeito da expulsão de imigrantes considerados como agitadores. Em 1902, foi aprovada a lei 4.144 conhecida

---

[30] M. N. Ngai. "The architecture of race in American immigration law: a reexamination of the Immigration Act of 1924". *The journal of American History*, vol. 86, n°. 1, 67-92, Jun., 1999, pp. 67-68 e p.70 e 80.

[31] *Ibid*, pp. 70-71.

[32] Mae M. Ngai. Impossible subjects: illegal aliens and the making of modern America., op. cit., p. 57.

[33] Ibid., 57-58.

como "Ley de Residencia", com o objetivo de facilitar ao Poder Executivo a expulsão de imigrantes.[34] Posteriormente a essas medidas, foram criadas restrições na política imigratória da Argentina. A indústria argentina enfrentou uma grave crise com a I Guerra, juntamente com o fim da expansão agropecuária extensiva em 1914. Com o final da guerra, os problemas continuaram, envolvendo uma alta taxa de desemprego e crescentes conflitos sociais.[35] Na interpretação de Devoto, o temor de uma ameaça social e revolucionária causou um impacto muito maior sobre a adoção de medidas restritivas do que as populares propostas eugenistas e biológicas da década anterior. Em 1919, portanto, o governo colocou em vigor um dos decretos de 1916, que regulamentava o artigo 32 da lei de imigração de 1876. Com essa iniciativa, o imigrante passava a necessitar não apenas do passaporte com foto, mas ainda de três certificados, isto é, o de antecedentes penais, de não mendicidade e de saúde mental.

Até 1914, as principais bases para o tratamento da questão continuavam a ser a Constituição de 1853 e a Lei de Imigração e Colonização de 1876. Ao longo desse período, os governos enfrentaram dificuldades para criar restrições. A criação da "ley de residencia de 1902", por exemplo, foi bastante problemática, por ser considerada inconstitucional. Em razão dessas dificuldades, a Argentina acabou adotando restrições baseadas em características individuais dos imigrantes, diferentemente dos países que haviam estabelecido sistemas de cotas segundo a origem nacional como, por exemplo, Estados Unidos e também, com algumas diferenças, Austrália, Cuba e Nova Zelândia. De acordo com Devoto:

En el caso estadounidense, por su parte, el marco legal era originariamente también confuso y enmarañado, pero se trataba de un marco legal que, luego de las leyes de cuota de 1921 y 1924, establecía con precisión un principio de exclusión. En la Argentina, lo que parece combinarse explosivamente es a la vez la falta de un nuevo marco legal general, la ambigüedad y contradictoriedad de decretos y otras disposiciones administrativas y la poca rigidez, incuria y corrupción de las estructuras burocráticas que las aplicaban.[36]

Na primeira metade dos anos 30, a imigração sofreu uma grande queda na Argentina. Com o crescimento dos conflitos entre fascistas e antifascistas

---

[34] Gabriela Anahí Costanzo, "O inadmissível feito história (a ley de residencia de 1902 e a ley de defensa social de 1910 na Argentina" in, *Verve, 15: 229-248, 2009, p. 234*. Sobre a *Ley de Residencia* ver também: Iaacov Oved A. "El trasfondo histórico de la Ley n. 4144 de Residencia", in *Desarrollo Económico*, Buenos Aires, 1976, n. 61, v. 16 e Juan Suriano. "El Estado argentino frente a los trabajadores urbanos: política social y represión, 1880-1916", in 14 Anuario, segunda época, Rosario, UNR Editora, 1990.

[35] Fernando Devoto, "El reves de la trama: politicas migratorias y practicas administrativas en la Argentina (1919-1949)", *Desarrollo Económico*, vol. 41, n. 162, pp. 281-304, (julio-setiembre de 2001), p. 282.

[36] *Ibid.*, p. 284.

e também a vinda de refugiados, a busca pelo controle sobre os imigrantes continuava uma questão importante. Na segunda metade da década, novas disposições de controle foram criadas, juntamente com novos organismos de fiscalização.[37]

Ao contrário da Argentina, o Brasil acabou por seguir o caminho do sistema norte-americano ao criar a lei de cotas de 1934, dez anos após o modelo dos Estados Unidos. No Brasil, a medida foi resultado de uma intensa campanha movida especialmente contra a crescente imigração japonesa, já que outras correntes imigratórias não mais mantinham um alto índice de ingresso no país. A campanha contra os japoneses contava com a atuação de intelectuais e eugenistas que, desde os finais da década de 1920, elaboravam propostas para impedir a continuidade desse fluxo de imigrantes.[38] O artigo 121 da Constituição de 1934 estipulava o limite anual, para cada nacionalidade, de dois por cento do número total dos respectivos membros já fixados no Brasil nos cinqüenta anos anteriores à aprovação da lei e proibia a concentração de imigrantes em qualquer parte do território brasileiro.[39]

Com esse cálculo, a medida atingia particularmente a imigração japonesa que, por ter tido seu início apenas em 1908, posteriormente ao de outras nacionalidades que haviam ingressado em grandes números no final do século XIX, ficava com uma cota bem abaixo dos índices que atingiam antes da aprovação da lei. Isto é, após atingir o número de 24.494 indivíduos ingressados apenas em 1933, após a aplicação das cotas este número ficaria anualmente significativamente menor do que para italianos, portugueses, entre outras nacionalidades. Nos anos que se seguiram, acompanhados por inúmeros problemas para o cálculo e aplicação das cotas, o ingresso de imigrantes japoneses diminuiu progressivamente[40]. Entretanto, esta parece ter sido uma vitória bastante modesta se comparada com o grau de exclusão das políticas imigratórias norte americanas que, além de terem interrompido a corrente imigratória japonesa em 1908, estipulavam uma série de

---

[37] *Ibid.*, p. 287-293.

[38] Sobre a campanha anti-nipônica ver: Márcia Yumi Takeuchi. *O perigo amarelo: imagens do mito, realidade do preconceito*. São Paulo: Humanitas, 2008 e Priscila Nucci. *Os intelectuais diante do racismo antinipônico no Brasil*. São Paulo: Annablume, 2010.

[39] Constituição da República dos Estados Unidos do Brasil – promulgada a 16 de julho de 1934"; a lei foi mantida no artigo 151 da "Constituição dos Estados Unidos do Brasil – decretada a 10 de novembro de 1937. *Constituições do Brasil*. São Paulo: Atlas, 1979.

[40] O ingresso anual de imigrantes japoneses foi para 21930 em 1934, 9611 em 1935, 3306 em 1936, 4557 em 1937, 2524 em 1938, 1414 em 1939, 1268 em 1940, 1548 em 1941. Essa imigração foi interrompida com o rompimento de relações diplomáticas durante a II Guerra. Instituto Brasileiro de Geografia e Estatística – Conselho Nacional de Estatística. Anuário estatístico do Brasil. Ano XII – 1951. Rio de Janeiro: Serviço Gráfico do Instituto Brasileiro de Geografia e Estatística, 1952, p. 55. Sobre os problemas e polêmicas envolvendo o cálculo das cotas e sua aplicação ver Endrica Geraldo, "A 'lei de cotas' de 1934: controle de estrangeiros no Brasil", *Cadernos AEL*, v. 15, n. 27 (pp. 175-207), 2009.

dificuldades para o acesso de imigrantes nipônicos e seus descendentes à cidadania, a reivindicações trabalhistas e ao direito de adquirir propriedades. Parte dessas diferenças deve estar relacionada ao fato de que no Brasil esses imigrantes estiveram, até aquele momento, concentrados em núcleos coloniais agrícolas que não foram marcados por reivindicações trabalhistas. Distantes dos centros urbanos e das mobilizações operárias, as críticas contra esses trabalhadores eram baseadas nas questões raciais e na identificação desses imigrantes com uma potência militar imperialista em ascensão. Nos Estados Unidos, as críticas contra imigrantes japoneses seguiram o caminho semelhante àquelas traçadas anteriormente contra imigrantes chineses. Na Califórnia, mais especificamente, não apenas os partidos políticos combatiam os imigrantes chineses, mas também as organizações operárias. Em 1882, o Congresso aprovou o *Chinese Exclusion Act*, suspendendo essa imigração. De acordo com Daniels, durante duas décadas, trabalhadores organizados, inclusive imigrantes europeus, conduziram agitações antinipônicas, mesmo que a maioria deles não tenha vivenciado uma competição direta com os japoneses no mercado de trabalho.[41]

Considerações finais

É possível afirmar que as articulações e competições travadas entre trabalhadores de diferentes nacionalidades tenham assumido características distintas em cada um desses países, o que provavelmente influenciou o desenvolvimento das políticas restritivas e excludentes. Essas influências certamente também percorreram o sentido inverso, isto é, campanhas movidas por intelectuais e políticos vinculados às classes dirigentes em alguns momentos podem ter alimentado as competições entre os trabalhadores. No entanto, esta é uma questão que ainda carece de aprofundamento.

As análises discutidas nesse artigo revelam, por sua vez, que diferentes governos, nos três países, fizeram uso semelhante de práticas legais e ilegais de deportação como forma de desarticulação das organizações e mobilizações operárias. No entanto, as diferenças começam a aparecer nas dimensões numéricas dessas deportações e também nas outras medidas destinadas ao controle ou à restrição dos direitos dos imigrantes. Além disso, enquanto o recurso da deportação é mais claramente discutido por vários estudiosos como um importante instrumento contra as classes trabalhadoras, as políticas relacionadas ao controle do ingresso de novos indivíduos apresentam outros problemas.

Embora o Brasil tenha adotado, na década de 1930, um sistema de cotas baseadas na origem nacional dos imigrantes semelhante ao dos Estados Unidos, o caráter racial dessas medidas, embora estivessem evidentes no

---

[41] Roger Daniels. *The politics of prejudice: the anti-Japanese movement in California and the struggle for Japanese Exclusion*. Berkeley: Univ. of California, 1977, p. 17-30.

processo de sua elaboração, não possuíram a mesma dimensão e nem a mesma capacidade de exclusão do que o sistema norte-americano. No caso argentino, essas questões raciais não parecem ter alcançado o processo de elaboração de restrição de ingresso de imigrantes, e se manteve direcionada a uma seleção política de novos imigrantes. O combate ao movimento operário e à violação de direitos dos imigrantes nesse processo foram mais intensos do que no Brasil.

A construção desses dispositivos de controle e repressão atravessou o final do século XIX e o início do XX. A partir da década de 1920, no entanto, novos elementos entraram em cena. O acirramento dos nacionalismos favorecido pelo andamento da I Guerra e a Revolução Russa de 1917 espalharam ou fortaleceram divisões étnicas, por um lado, e inspirações revolucionárias, por outro. Esse período chama a atenção pela intensificação dos temores em relação às agitações subversivas e, consequentemente, das medidas repressivas e excludentes. Nesse contexto, os legisladores argentinos, brasileiros e norte-americanos se mostraram atentos aos movimentos revolucionários ao redor do mundo e aos recursos utilizados por vários governos para enfrentá-los e, nesse processo, os imigrantes se mostravam como um potencial inimigo que poderia ser reprimido e retirado do território nacional com maior facilidade.

Referências bibliográficas

Anuário estatístico do Brasil. Ano XII – 1951. Rio de Janeiro: Serviço Gráfico do Instituto Brasileiro de Geografia e Estatística, 1952.

BONFÁ, R. L. G. "Com lei ou sem lei": as expulsões de estrangeiros e o conflito entre o Executivo e o Judiciário na Primeira República. Campinas, SP: Dissertação de Mestrado, IFCH, Unicamp, 2008

Coleção das Leis da República dos Estados Unidos do Brazil de 1891. Constituição da República dos Estados Unidos do Brasil. Rio de Janeiro: Imprensa Nacional, 1892.

COSTANZO, G. *Los indeseables: las leyes de Residencia y Defensa Social*. Buenos Aires: Madreselva, 2009.

DAMIANI, G. *La questione sociale nel Brasile*. Milano: Umanità Nuova, 1920.

DANIELS, R. *The politics of prejudice: the anti-Japanese movement in California and the struggle for Japanese Exclusion*. Berkeley: Univ. of California, 1977.

DEVOTO, F. "El revés de la trama: políticas migratorias y prácticas administrativas en la Argentina (1919-1949)", *Desarrollo Económico*, vol. 41, n. 162, pp. 281-304, (julio-setiembre de 2001), p. 283.

DONGHI, T. H. "Para qué la inmigración? Ideología y política inmigratoria en la Argentina (1810-1914)", in: *El espejo de la historia: problemas argentinos y perspectivas hispanoamericanas*. Buenos Aires: Editorial Sudamericana, 1987.

FAUSTO, B. (org.) *Fazer a América*. São Paulo: Editora da Universidade de São Paulo, 1999.

FITZGERALD, D. S.; COOK-MARTÍN, D. Culling the Masses: The Democratic Origins of Racist Immigration Policy in the Americas. Cambridge, Mass.: Harvard University Press, 2014.

GERALDO, E. "A 'lei de cotas' de 1934: controle de estrangeiros no Brasil", *Cadernos AEL*, v. 15, n. 27 (pp. 175-207), 2009.

GORDO, A. A. da S. A Expulsão de Estrangeiros: discursos pronunciados na Câmara dos Deputados, nas sessões de 29 de novembro e de 14 de dezembro de 1912. São Paulo: Espindola & Comp., 1913.

HALL, M. M., "Imigrantes na cidade de São Paulo"; "O movimento operário na cidade de São Paulo, 1890-1954", in: Paula Porta (org.). *História da Cidade de São Paulo: a cidade na primeira metade do século XX*, São Paulo: Paz e Terra, v. 3, p. 120-151 e p. 258-289, 2004.

MARAM, S. L. *Anarquistas, imigrantes e o movimento operário brasileiro, 1890-1920*. Rio de Janeiro: Paz e Terra, 1979.

MENEZES, L. M. de. Os indesejáveis: desclassificados da modernidade. Protesto, crime e expulsão na Capital Federal (1890-1930). Rio de Janeiro: EdUERJ, 1996.

MONTGOMERY, D. "Immigrants, Industrial Unions, and Social Reconstruction in the United States, 1916-1923", *Labour/Le Travail*, 13, 101-113 (Spring 1984).

MOYA, J. C. *Cousins and strangers: Spanish immigrants in Buenos Aires (1850-1930)*. Berkeley: Univ. of California, 1998.

MURRAY, R. K. *Red Scare: a study in National Hysteria*. Minneapolis, 1955.

NGAI, M. M. *Impossible subjects: illegal aliens and the making of modern America*. Princeton and Oxford.: Princeton University Press, 2004.

_____. "The architecture of race in American immigration law: a reexamination of the Immigration Act of 1924". *The journal of American History,* vol. 86, n°. 1, 67-92, Jun., 1999.

NUCCI, P. *Os intelectuais diante do racismo antinipônico no Brasil*. São Paulo: Annablume, 2010.

OVED, I. *El anarquismo y el movimiento obrero en Argentina*. México: Siglo Veintiuno, 1978.

PRESTON Jr, W. *Aliens and Dissenters: federal suppression of radicals, 1903-1933*. Urbana and Chicago: University of Illinois Press, 1994.

ROEDIGER, D. R.. *Working toward whiteness: how America's immigrants became White – the strange Journey from Ellis Island to the Suburbs*. New York, N.Y.: Basic Books, 2005.

TAKEUCHI, M. Y. *O perigo amarelo: imagens do mito, realidade do preconceito*. São Paulo: Humanitas, 2008.

2. ENSINO DE LÍNGUAS DE FRONTEIRA NAS ESCOLAS MUNICIPAIS DE FOZ DO IGUAÇU, PARANÁ

SIMONE BEATRIZ CORDEIRO RIBEIRO

Introdução

Regiões fronteiriças são comumente marcadas pelo ir e vir de pessoas que passam a (con)viver com outros costumes, culturas e, às vezes, com outras línguas. No caso de fronteiras entre nações, os contrastes são ainda mais evidentes, pois entram em contato e em conflito diversidades e particularidades de cada povo, espaço e modos de vida.

Em cenários transfronteiriços, como é o caso de Foz do Iguaçu, Paraná, que está inserido na Tríplice Fronteira Brasil, Paraguai e Argentina, em que o fluxo comercial, turístico e migratório é muito grande, a presença e o contato com estrangeiros é constante, seja pelo comércio, pelo turismo, pela educação, pelas experiências de vida, entre outros fatores determinantes e propiciadores de uma comunicação plurilíngue que enaltece a riqueza linguística da região, assim como realça as diferenças entre os povos.

Esse multiculturalismo propiciado na e pela fronteira, no contato e no conflito, no choque de conteúdos socioculturais e linguísticos, coloca em destaque também os preconceitos que, "ao invés de serem eliminados, serão colocados em evidência" (CAMPIGOTO, 2000, p. 17).

Geograficamente, a fronteira determina condições de circulação e controle por parte do poder público, sendo considerada como "espaço de transgressão e contenção – transgressão pelos movimentos migratórios de ocupação social e política; contenção pelos mecanismos de limitações, de vigília e de controle" (STURZA, 2006, p. 19). Essa linha de divisa entre os países "é um 'objeto' dito e escrito de vários modos. Podemos expressá-la como um traçado imaginário na periferia geográfica das nações, estabelecimento jurídico que separa os povos ou, ainda, ponto de junção entre nacionalidades" (CAMPIGOTO, 2006, p. 153).

Além dos limites cartográficos que determinam as condições de poder, início e fim de um espaço, "a vida da fronteira, o habitar a fronteira [significa], para quem nela vive, muito mais, porque ela já se define em si mesma como um espaço de contato, um espaço em que se tocam culturas, etnias, línguas, nações" (STURZA, 2006, p. 26).

Para Ribeiro (2015), a fronteira é tanto geográfica quanto linguística, é uma junção de ambas, pois se caracteriza "pela interação comunicativa existente no representativo de vozes que permeiam o Brasil e os países de Língua Espanhola, tanto pela expressão de línguas como de culturas em contato e em conflito nos dois lados da fronteira" (RIBEIRO, 2017a, p. 2).

Assim, neste texto procura-se discutir sobre o viver e o habitar a fronteira a partir das proposições de Ribeiro (2015, 2017), Sturza (2006, 2008), Pereira (2011) e Campigoto (2000, 2006); as políticas linguísticas e o ensino de Línguas de Fronteira na escola conforme Calvet (2007), Oliveira (2005, 2013), Rajagopalan (2003), Hamel (2003), Sturza (2010), Ribeiro (2015, 2017b), Minuzzo e Ribeiro (2017), entre outros. O acolhimento intercultural e o ensino de Línguas com Ribeiro (2017b) e Ferreira (2013), e Língua Adicional, Rodrigues (2013). Na sequência situam-se e apresentam-se os projetos desenvolvidos na Unila, cujo enfoque se dá no ensino de Línguas de Fronteira.

Vivendo e transpondo a fronteira: o multiculturalismo e o plurilinguismo em contato

Vivendo (n)a fronteira

Foz do Iguaçu está localizada na Tríplice Fronteira Brasil, Paraguai e Argentina, um espaço geográfico permeado enunciativamente pelo contato constante das Línguas Portuguesa, Espanhola e Guarani. Além destas línguas há a particularidade de se tratar de uma cidade turística, condição que acresce o contato com outros idiomas, povos e culturas, como também se caracteriza pelas diferentes etnias que fixaram residência na região e que ainda mantêm vivas as suas línguas de imigração, como, por exemplo, as comunidades árabes, chinesas e japonesas.

Em uma fronteira que "se dá na e pela linguagem" (CAMPIGOTO, 2000, p. 17), observa-se que as enunciações são marcadas por inúmeros contatos culturais, étnicos, políticos e linguísticos que vão além de conceitos e delimitações cartográficas. Isso porque a "fluidez das relações sociais fez surgir uma fronteira significada bem mais como espaço de interações e muito menos como um território delimitado" (STURZA, 2006, p. 29). Portanto, as fronteiras "podem ser entendidas como divisa seca que permite, em tese, maior ir e vir dos moradores que, na maioria das vezes, se autodenominam fronteiriços, como pode ser fronteiras culturais e étnicas" (PEREIRA, 2011, p. 1).

Se de um lado tem-se a fronteira como espaço físico e, de outro, como espaço de enunciação, tem-se nessa linha simbólica uma *fronteira geográfica enunciativa*, preenchida também de conteúdo social (RIBEIRO 2015, 2017), pois na "fronteira geográfica enunciativa configuram-se histórias de vida, limites cartográficos, culturas, etnias, linguagens e políticas que, em contato e em conflito, reelaboram-se e redefinem-se por meio da integração e da comunicação" (RIBEIRO, 2017b, p. 7).

Como o "espaço de enunciação é um espaço configurado por uma relação de línguas e de falantes" (STURZA, 2008, p. 2538), essa movimentação permite que surja "o plurilinguismo que se evidencia e se concretiza pelo discurso sociocultural e linguístico entre as línguas em uso neste espaço de fronteira" (RIBEIRO, 2018, no prelo).

Questões de Política Linguística Regional

Nesse contexto transfronteiriço, multicultural e plurilinguístico da Tríplice Fronteira, em que as "relações entre as línguas se significam no conflito, ou seja, no político" (STURZA, 2010, p. 346), são necessárias políticas e planificações linguísticas condizentes com a realidade local atual, porque ao "desenvolvermos quadros descritivos das políticas linguísticas deveríamos então levar em conta não apenas o 'que' se planeja, mas também e, sobretudo, o 'por que', o 'como' e o 'quando'" (LAGARES, 2013, p. 182).

Assim, a política linguística enquanto tomada de decisões conscientes em torno das línguas e dos sujeitos que as utilizam em sociedade, sugere um trabalho conjunto entre o poder público e a comunidade, para que planejamento linguístico suscite em uma implementação prática em prol "da necessidade de se encontrar uma solução para um problema" (CALVET, 2007, p. 21), uma vez que a planificação linguística significa "trabalho conjunto com as comunidades lingüísticas que conformam o país" (OLIVEIRA, 2005, p. 87).

Consultar a comunidade envolvida, as suas necessidades e as suas urgências antes de propor e elaborar uma política linguística, possibilita "uma reação coletiva positiva frente às novas demandas da globalização e da inclusão cultural e linguística" (OLIVEIRA, 2013, p. 13), assim como, permite que os direitos linguísticos do grupo, tanto em sua implementação como em sua defesa, sejam respeitados, pois "todo o direito linguístico se embasa, em última instância, na comunidade, e tem, portanto, um caráter coletivo" (HAMEL, 2003, p. 63).

Deste modo, é necessária uma reforma linguística que considere as emergências de um mundo globalizado e que atenda as demandas das comunidades, conectando crescentemente a política linguística e ensino de línguas. É preciso "pensar o ensino de línguas desde a abordagem, a metodologia a ser adotada em função da política linguística adotada no país" (RAJAGOPALAN em entrevista a SILVA, SANTOS e JUSTINA, 2011, p. 5).

No caso da cidade iguaçuense, localizada à Tríplice Fronteira Brasil, Paraguai e Argentina, os sujeitos que vivenciam este espaço podem se comunicar com outros sujeitos, culturas e em outras línguas, isto significa e justifica uma abordagem de educação em línguas, uma vez que "o verdadeiro propósito do ensino de línguas estrangeiras é formar indivíduos capazes de interagir com pessoas de outras culturas e modos de pensar e agir. Significa transforma-se em cidadão do mundo" (RAJAGOPALAN, 2003, p. 70), pois em um "mundo que serve de palco para o contato, o intercâmbio sem precedentes entre povos, o multilingüismo adquire novas conotações. O cidadão desse novo mundo emergente é, por definição, multilíngue" (RAJAGOPALAN, 2003, p. 69).

Inclusive, é a similaridade entre as Línguas Portuguesa e Espanhola que permite que os habitantes desta Tríplice Fronteira se comuniquem em suas próprias línguas ou na língua de seus vizinhos em contextos educacionais, comerciais, culturais, turísticos, profissionais e pessoais. Por isso, "é necessário, quando se trata de estudos sobre o ensino e a formação continuada de professores, que se investiguem os falares utilizados na esfera regional ou local como práticas de ensino e de aprendizagem" (MINUZZO e RIBEIRO, 2017, p.8)[1]. Por conseguinte, Ribeiro (2018) entende que nessa região transfronteiriça,

> seja pelo caráter globalizante, a formação profissional e o comércio internacional, sobretudo no Mercosul, tanto a Língua Espanhola como a Língua Portuguesa estão acopladas à formação profissional e ao comércio internacional, o que permite dizer que a aprendizagem do português é tão necessária como a do espanhol na América Latina (RIBEIRO, 2018, no prelo).

Sendo ambas as línguas comumente utilizadas na interação cotidiana desse espaço de contato linguístico, há a necessidade de políticas públicas de implementação e de manutenção do português e do espanhol nas redes de ensino brasileiras, paraguaias e argentinas. Para, a partir de uma educação em línguas, prover por um plurilinguismo compartilhado nos dois lados da fronteira, visto que uma educação em línguas deve considerar o "conhecimento adequado para entender a sua realidade e a realidade de nosso mundo globalizado, bem como para avaliar suas possibilidades de atuação em sociedade" (FERREIRA e SANTOS, 2010, p. 138).

Língua(s) de Fronteira

Em razão do contato constante, a Língua Estrangeira, a língua do outro, na fronteira, passa a fazer parte do cotidiano dos cidadãos que, mesmo de nações diferentes, interagem em ambas as línguas. Ainda que nem sempre seja falada a língua do interlocutor, a comunicação acontece por meio de uma enunciação que envolve as duas línguas, neste caso na Tríplice Fronteira Brasil, Paraguai e Argentina, a Portuguesa e a Espanhola, e, em alguns casos, a hibridização de traços linguísticos em um mesmo enunciado, demonstrando o Portunhol, "um falar de solidariedade e de intercâmbio comercial" (RIBEIRO, 2015, p. 151) que ocorre em ambos os lados da Fronteira.

As Línguas, ao atravessarem as margens simbólicas, se deslocam pelas

---

[1] Original: "es necesario, cuando se trata de estudios sobre la enseñanza y la formación continuada de profesores, que se investiguen los hablares utilizados en la esfera regional o local como prácticas de enseñanza y de aprendizaje" (MINUZZO e RIBEIRO, 2017, p.8).

fronteiras territoriais e ao "transgredirem os limites geográficos e se constituírem como línguas de integração, a língua deixa de ser nacional, por se tratar de uma língua enunciativa de fronteira" (RIBEIRO, 2017b, p. 8). Ao tratar das línguas de fronteira sob a ótica defendida pela pesquisadora citada e pela situação enunciativa da Tríplice Fronteira Brasil, Paraguai e Argentina, entende-se que, ao perder o sentido de língua nacional, seja pelo contato linguístico-cultural e pelo transpor fronteiriço, as Línguas de Fronteira passam a ser vistas também como Línguas Adicionais, mediadas pelas condições enunciativas de reconhecimento e integração no contexto em que se efetivam.

A relação estabelecida de Língua de Fronteira com Língua Adicional neste espaço da Tríplice Fronteira Brasil, Paraguai e Argentina parte do colocado por Rodrigues (2013) que considera a Língua Adicional como o "acréscimo de uma língua a outras que o aluno tenha em seu repertório e se reconhece" (RODRIGUES, 2013, p. 17).

Acolhimento Intercultural e Ensino de Línguas

Apesar de ser vastamente difundido pelo senso comum o discurso de que as Línguas Portuguesa e Espanhola são muito semelhantes, haja vista a sua raiz latina, e de que não há a necessidade de serem estudas, apenas aqueles que precisam se comunicar por meio delas compreendem como a falta de conhecimento das mesmas prejudica a comunicação e os conduz à margem, principalmente, quando se encontram fora do seu país de origem.

Embora não seja "possível desvincular a língua do significado social e particular que assume para cada indivíduo" (OLIVEIRA, 2013, p. 3), Ribeiro (2018, no prelo) entende que ao "desconhecer ou não dominar o idioma do país vizinho, os habitantes de regiões de fronteira promovem uma política de marginalização ao não se permitirem uma interação plurilinguística". Neste caso, a escola, ao promover um ensino de línguas focado nas necessidades e realidades da região em que está inserida, pode contribuir para alterar essa realidade ao propiciar aos seus alunos a inclusão de línguas que façam parte do cotidiano dos mesmos. Uma educação em línguas integrativa entende que as crianças ao aprenderem e passarem a utilizar outra língua podem

> ter acesso a diferentes culturas existentes e que as circundam, e através dessas diferentes culturas saber valorizar e conviver com pessoas de diferentes raças, etnias, gêneros, idades, orientações religiosas e assim ensinar através da LE [Língua Estrangeira] e poder entender a noção de cidadania e ética e que perpassam os valores culturais de cada cidadão (FERREIRA, 2013, p. 13).

Do contrário, as diferenças serão ainda mais ressaltadas e os preconceitos postos mais em evidência, contribuindo para a marginalidade e intensificando as desigualdades socioculturais. No entanto, um sujeito bem integrado alcançará melhores resultados na relação com outros sujeitos, pois

Quando há uma interação recíproca, as duas culturas interagem de maneira horizontal e nenhuma delas se coloca acima da outra, pois esta relação implica que haja respeito na heterogeneidade e mesmo que nem sempre as relações vivenciadas na diversidade se deem sem conflitos, estes podem ser deliberados a partir do diálogo e do respeito, ou seja, através da prática da interculturalidade (RIBEIRO, 2017b, p. 13).

Uma pedagogia linguística e intercultural que promova os usos reais das Línguas incentivará e manterá a Nova Língua em paralelo à Língua Materna. O foco está na integração e nos benefícios que a mesma pode trazer aos sujeitos envolvidos. No caso da Tríplice Fronteira Brasil, Paraguai e Argentina, a Língua Portuguesa a ser trabalhada nas escolas deveria partir da perspectiva de Língua Adicional, como um acréscimo ao repertório dos discentes estrangeiros, cujo uso se dá em um contexto de imersão. Para a manutenção da Língua Materna desses alunos é fundamental uma política linguística que sugira e coloque em prática a sustentação da aprendizagem da mesma. Já o ensino da Língua Espanhola como Língua Adicional seria também um acréscimo e uma língua em que os brasileiros poderiam se reconhecer, haja vista o contato cotidiano que têm com hispano falantes.

Assim, o conceito de Língua Adicional a ser sugerido como acréscimo consiste na reflexão de que ao aprender outra língua o sujeito desenvolverá uma "melhor consciência sobre a sua própria língua, isso permitirá que essa criança aprenda também sobre criticidade" (FERREIRA, 2013, p. 13), tendo em vista que "as línguas são a própria expressão das identidades de quem delas se apropria. Logo, quem transita entre diversos idiomas está redefinindo sua própria identidade" (RAJAGOPALAN, 2003, p. 69).

Ações em curso: algumas considerações

Discursos provenientes do senso comum impulsionam concepções de língua desprestigiada que são reforçadas nas mais variadas práticas enunciativas cotidianas, se concretizando no apagamento de línguas de berço, sejam línguas indígenas, de imigrante ou maternas, em prol de uma língua única, harmônica com o ambiente em que se está inserido.

Ribeiro (2018, no prelo) esclarece que em "meio a este cenário conflituoso que é a Sociedade, tem-se a escola que, na maioria das vezes, reforça a marginalidade e o monolinguismo ao não dispor de metodologias que incentivem e mantenham o plurilinguismo". Situações como as descritas são muito comuns e corriqueiras, principalmente em regiões de fronteira em que o contato com outras línguas se efetiva intensamente.

No caso de Foz do Iguaçu e a Tríplice Fronteira Brasil, Paraguai e Argentina, o incentivo para uma educação em línguas é recíproco, pois o "fato de sermos vizinhos é um motivo a mais para aprendermos sua língua e nos familiarizarmos com sua cultura" (SEDYCIAS, 2005, p. 39). Nesta perspectiva, considerando as características de *fronteira geográfica enunciativa* da cidade iguaçuense, sugere-se políticas linguísticas de ensino de línguas fronteiriças, em âmbito municipal[2] inicialmente, mas que poderiam ser discutidas internacionalmente com vistas à promoção do plurilinguismo, como, por exemplo, o Programa Escolas Interculturais de Fronteira.

Minuzzo e Ribeiro (2018) intensificam que o ensino e a aprendizagem de línguas deve

> contribuir para que as crianças sejam criadoras e transformadoras de sua realidade, fortalecendo-as em sua formação humana, tornando-as capazes de aceitar as diferenças existentes no mundo. E acreditamos que eles devem aprender a língua estrangeira a partir do conhecimento que têm da sua língua materna e do que experimentam no seu dia-a-dia (MINUZZO e RIBEIRO, 2018, p. 11)[3].

Portanto, uma educação em línguas é possível, pode ser pensada e planejada para atender as necessidades da comunidade envolvida, tendo em vista que "se houver uma política linguística educacional municipal com a ajuda da comunidade e de setores econômicos locais [...] talvez seja possível" (VON BORSTEL, 2013, p. 5).

Diante disso e partindo do contexto de Tríplice Fronteira Brasil, Paraguai e Argentina vivenciado pela cidade de Foz do Iguaçu, assim como a intensa presença de alunos estrangeiros nas instituições de ensino do município, adjacente ao caráter de Universidade Bilíngue da UNILA (Universidade Federal da Integração Latino-Americana) e à pesquisa de Doutorado de Ribeiro (2015), surgiu o Projeto de Pesquisa "Ensino de Línguas de Fronteira sob a perspectiva de fronteira geográfica enunciativa", e os Projetos de Extensão "Ensino de Português como Língua Adicional no Ensino Fundamenta I" e "Ensino de Línguas de Fronteira através de práticas interdisciplinares", cujos cursos vinculados serão apresentados a seguir.

Chachalacas, español para niños

O curso de Extensão *Chachalacas, español para niños*[4] está vinculado ao Projeto de Extensão "Ensino de Línguas de Fronteira através de práticas

---

[2] O enfoque se dá na perspectiva municipal, uma vez que os projetos se referem ao Ensino Fundamental I da rede de ensino municipal de Foz do Iguaçu.

[3] Trecho original: "contribuir con que los niños sean creadores y transformadores de su realidad, fortaleciéndolos en su formación humana, tornándolos capaces de aceptar las diferencias existentes en el mundo. Y consideramos que estos deben aprender la lengua extranjera a partir de los conocimientos que poseen de su lengua materna y a partir de lo vivenciado en su cotidiano". (MINUZZO e RIBEIRO, 2018, p. 11).

[4] Coordenado por Simone Beatriz Cordeiro Ribeiro e executado pelos alunos Cinthia Itatí Gabriela Minuzzo (LAMC – Bolsista), Diana Jazmin Britez Cohene (DRUSA – Voluntária), Andres Mauricio García Torres (LAMC – Voluntário) e Scarlett Alejandra Salazar Rodrigues (LEPLE – Voluntária).

interdisciplinares" e em 2017 foi executado na Escola Municipal Padre Luigi Salvucci. Foi projetado para atender as crianças do Ensino Fundamental I e compartilhar culturas e costumes hispanos da América Latina, com o objetivo de inserir a Língua Espanhola, esta Língua de Fronteira e de parte de seus alunos estrangeiros, no ambiente escolar. Primeiramente, destinado aos estudantes brasileiros como Língua Adicional e, na sequência, aos alunos estrangeiros, no caso dos hispano falantes com vistas a manter o aprendizado e o uso de sua Língua Materna.

Na primeira edição do curso, ocorrida no segundo semestre de 2017, foram atendidos em torno de 60 discentes matriculados na 4ª série, 2 turmas no vespertino e 1 no matutino. As aulas eram semanais, com duração de 2h/a, e abordaram conteúdos diversos: cumprimentar, agradecer, características físicas e psicológicas, alfabeto, fonética, números, dias da semana, meses do ano, família, animais, objetos da sala de aula, frutas, partes do corpo, através de músicas, histórias, brincadeiras e vídeos; promovendo uma integração entre os estudantes nativos e estrangeiros que frequentaram as turmas e o respeito pelas diferenças linguístico-culturais.

De balaio de gatos a educação em línguas

De balaio de gatos a educação em línguas[5] é o curso de Extensão vinculado ao Projeto de Extensão "Ensino de Português como Língua Adicional no Ensino Fundamenta I", projetado para atender as crianças estrangeiras da rede de ensino municipal, Ensino Fundamental I, cuja Língua Materna não é a Língua Portuguesa, objetivando uma abordagem mais inclusiva, integrativa e plurilíngue. A relevância da proposta fundamenta-se na implicação de que quem sempre sai perdendo é o discente, tendo em vista que são inúmeros os casos de alunos com idades as mais variadas que são alocados na 1ª série do Ensino Fundamental I (RIBEIRO, 2015) porque não dominam a Língua Portuguesa. Em algumas situações verificam-se reprovações e evasões do espaço escolar que são impulsionadas pela dificuldade na aprendizagem da língua, constantes frustrações e, consequentemente, o sentimento de não fazer parte do grupo.

O Projeto e o Curso de Extensão iniciaram em 2017 na Escola Municipal Padre Luigi Salvucci, localizada na Vila C Nova, com atendimento voltado a seis alunos estrangeiros, todos hispano falantes, sendo 5 do Paraguai e 1 do Peru. Os seis discentes estavam distribuídos em três turmas: 4 alunos na 2ª série, 1 na 1ª série e 1 na 3ª série. Três, das seis crianças, eram irmãos. Foram observadas, no primeiro semestre, algumas aulas de Língua Portuguesa nas turmas em que os estudantes estavam inseridos e, no segundo semestre,

---

[5] Coordenado por Simone Beatriz Cordeiro Ribeiro e executado pelos discentes Pedro Camargo Abboud Matuck (MEDICINA – Bolsista da Fundação Araucária), Cinthia Itatí Gabriela Minuzzo (LAMC - Voluntária) e Andres Mauricio García Torres (LAMC - Voluntário).

iniciou-se o atendimento aos alunos hispano falantes.

Em uma das atividades de atendimento observou-se que o aluno sente que falar em espanhol é "errado", "feio" e requer que se "peça desculpas", é preciso "redimir-se" quando se comete o "erro de falar em espanhol" na aula de português. Situações como estas ocorrem porque nem sempre há uma metodologia que suscite o acréscimo de saberes, nem análises contrastivas ou comparativas e que incentivem a manutenção da Língua Materna desses alunos, como também, formação e capacitação de professores para um acolhimento linguístico e intercultural desses estudantes estrangeiros.

A relação que os três irmãos têm com a sua Língua Materna também chamou muito a atenção, haja vista que o irmão de 9 anos fala em espanhol e em guarani, mas que prefere falar em português porque está no Brasil e todos falam em português; já o irmão de 8 anos que está na 1ª série fala pouca coisa em espanhol, palavras soltas, alternando com o português e fala guarani porque foi ensinado, mas acha muito chato. Segundo ele o português é muito legal e é "a nossa língua"; o irmão de 7 anos que está na 1ª série fala apenas o português e acha uma língua muito legal, que tem uma "voz legal", entende em espanhol, mas apenas contesta em português.

Verifica-se que a idade dos irmãos é muito próxima, porém a relação que têm com as Línguas Espanhola e Guarani é muito distante. Houve uma diminuição considerável na utilização de sua Língua Materna em um espaço de tempo tão curto (menos de um ano morando no Brasil). O novo ambiente de imersão não parece estar contribuindo para um acréscimo linguístico, tendo em vista que a nova língua está substituindo as Línguas de Berço (Espanhola e Guarani) dessas crianças e "se fortalecendo no apagamento das mesmas porque não há com quem falar ou porque a 'nossa' língua agora é outra" (RIBEIRO, 2018, no prelo).

Considerações finais

O objetivo principal dos Projetos foi contribuir para uma maior integração entre a Universidade e a Comunidade. Para tanto, pensou-se em uma abordagem de educação em línguas que suscitasse, nesta região de Tríplice Fronteira, um ensino de Línguas de Fronteira sob a perspectiva de Língua Adicional, tanto pelo caráter desta de acréscimo como de reconhecimento e pertencimento a um ou mais grupos, dirimindo estereótipos e possibilitando uma inclusão multicultural e plurilinguística mais significativa.

Espera-se que através do desenvolvimento desses Projetos os alunos brasileiros e estrangeiros passem a vivenciar uma harmonia linguística, na comunicação e na integração entre as Línguas Maternas e Adicionais. Deste modo, um ensino focado nas necessidades dos discentes e da comunidade linguística terá melhores condições de contribuir para um acréscimo de conhecimentos, como também para a integração e para a manutenção dos direitos linguísticos de seus cidadãos brasileiros ou não.

Como na educação em línguas se complementa saberes e promove-se o plurilinguismo, o respeito e a reciprocidade, o sujeito sente-se parte da comunidade e se reconhece como multilíngue, pois adiciona uma ou mais línguas ao seu repertório linguístico e as utiliza conforme as situações vão surgindo. No caso da cidade iguaçuense, em que o contato de línguas é cotidiano, haja vista o ambiente transfronteiriço propiciado pele tríplice Fronteira, é possível enunciar-se em mais de uma língua e interagir também por meio de uma mistura de ambas.

Referências bibliográficas

CALVET, L. J. *As políticas lingüísticas*. Tradução de Isabel de Oliveira Duarte, Jonas Tenfen e Marcos Bagno. São Paulo: Parábola, 2007.

CAMPIGOTO, José A. *Hermenêutica da fronteira: a fronteira entre o Brasil e o Paraguai*. Florianópolis, 2000. Tese de Doutorado em História. Universidade Federal de Santa Catarina. Centro de Filosofia e Ciências Humanas. Florianópolis, 2000.

_____. Narradores de fronteira: malhas da pré-compreensão. *Anais do Simpósio Nacional em Ciências Humanas* – Universidade e Sociedade. Unioeste, Mal. Cdo. Rondon, PR: EDUNIOESTE, junho/2006, p. 153-157.

FERREIRA, Aparecida de J. Prefácio à 2ª edição: Ensino de Língua Estrangeira para crianças e a formação de professores. In TONELLI, J. R. A; CHAGURI, J. de P. (Orgs.). *O ensino de língua estrangeira para crianças:* o ensino e a formação em foco. 2. ed. Curitiba: Appris, 2013, p. 11-14.

FERREIRA, Ivana K. de S; SANTOS, Liliana F. dos. A aprendizagem de língua estrangeira nos anos iniciais do Ensino Fundamental. *Revista Letrônica*, v. 3, n. 1, jul. 2010, p. 128-141, 2010. Disponível em revistaseletronicas.pucrs.br/ojs/índex.php/letronica/article/view/6930/5468. Acesso em jan. de 2015.

HAMEL, Rainer E. Direitos linguísticos como direitos humanos: debates e perspectives. In OLIVEIRA, Gilvan M de (Orgs.). *Declaração universal dos direitos lingüísticos*. Campinas, SP: Mercado de Letras, 2003, p. 47- 80.

LAGARES, Xoán C. Ensino do espanhol no Brasil: uma (complexa) questão de política linguística. In NICOLAIDES, Christine et al. (Orgs.). *Política e políticas linguísticas*. Campinas, SP: Pontes, 2013, p. 181-198.

MINUZZO, Cinthia I. G; RIBEIRO, Simone B. C. Enseñanza de Lenguas de Frontera en la Triple Frontera. In *RELACult*. v. 3. Edição Especial, dez. de 2017, artigo nº 499, p. 1-16, 2017.

_____; _____. La enseñanza de la Lengua Española y de la Lengua Portuguesa bajo la perspectiva de Lenguas de Frontera en la red de enseñanza municipal de Foz do Iguaçu, Paraná. In *Anais do XIII*

Seminário nacional de Literatura, História e Memória. 2017. Cascavel. UNIOESTE. 2018, p. 1-18. Disponível em http://www.seminariolhm.com.br/2018/simposios/19/simp19art04.pdf Acesso em jan. de 2018.

OLIVEIRA, Gilvan M. de. *Políticas linguísticas como políticas públicas.* 2013. Disponível em http://e-ipol.org/wp-content/uploads/2013/06/Politicas_linguisticas_e_Politicas_publicas.pdf. Acesso em set. de 2013.

_____. Política Linguística na e para além da Educação Formal. *Estudos linguísticos XXXIV*, p. 87-94, 2005. Disponível em http://etnolinguistica.wdfiles. com/local--files/journal%3Aestudos/oliveira_2005_ politica.pdf. Acesso em set. 2013.

PEREIRA, Maria Ceres. O português e as línguas nas fronteiras: desafios para a escola. *Revista Siple.* Ed. 2. Ano 2, n. 1. Brasília: 2011. Disponível em http://www.siple.org.br/index.php?option=com_content&view=article&id=172:3-o-portugues-e-as-linguas-nas-fronteiras--desafios-para-a-escola&catid=57: edicao-2&Itemid=92. Acesso em nov. de 2014.

RAJAGOPALAN, Kanavillil. Língua Estrangeira e autoestima. *Por uma linguística crítica:* linguagem, identidade e a questão ética. São Paulo: Parábola, 2003, p. 65-70.

RIBEIRO, Simone B. C. *Língua(s) de fronteira: o ensino da língua espanhola em Guaíra, Paraná.* 2015. 259 f. Tese de Doutorado (Doutorado em Letras). Universidade Estadual do Oeste do Paraná (Unioeste), Cascavel, 2015.

_____. Políticas linguísticas e ensino de língua(s) de fronteira na escola. In *Revista Organon.* v. 32, n. 62, jun. 2017, p. 1-17, 2017a. Disponível em http://seer.ufrgs.br/index.php/organon/article/view/72274. Acesso em jul. 2017.

_____. A Marginalidade em Detrimento da Interculturalidade em Regiões de Fronteira Geográfica Enunciativa. In *RELACult.* v. 3. Edição Especial, dez. de 2017, artigo n° 510, p. 1-23, 2017b.

_____. Acolhimento Intercultural e Ensino de Português como Língua Adicional nas Escolas Municipais de Foz do Iguaçu. In *Revista Domínios de Linguagem.* v. 12; n. 1, março de 2018, p. xx-xx (no prelo), 2018.

RODRIGUES, Bruno C. Ensino de português como língua adicional para hispanofalantes: uma proposta de material didático para o ensino de leitura e escrita em níveis iniciais. Porto Alegre, 2013. Monografia de conclusão de curso. Universidade Federal do Rio Grande do Sul. Instituto de Letras. 2013.

SEDYCIAS, João. Por que os brasileiros devem aprender espanhol? In SEDYCIAS, João (Org.). *O ensino do espanhol no Brasil: passado, presente, futuro.* São Paulo: Parábola Editorial, 2005, p. 35-44.

SILVA, K. A.; SANTOS, L. I. S.; JUSTINA, O. D. Entrevista com KanavillilRajagopalan: ponderações sobre linguística aplicada, política linguística e ensino-aprendizagem. *Revista de Letras Norte@mentos* – Revista de Estudos Linguísticos e Literários. Edição 08 – Estudos Linguísticos 2011/02. Disponível em http://projetos.unemat-net.br/revistas_eletronicas/index.php/ norteamentos. Acesso em mar. de 2014.

STURZA, Eliana R. *Línguas de Fronteira e Políticas de línguas: uma história das idéias linguísticas.* Campinas, 2006. Tese de Doutorado. Campinas. UNICAMP, 2006.

_____. A Interface Português/Espanhol: a Constituição de um Espaço de Enunciação Fronteiriço. *Anais IV Congresso Brasileiro de Hispanistas*, 2008, Belo Horizonte: UFMG, v. 1. p. 2537-2545, 2008. Disponível em http://www.letras.ufmg.br/espanhol/Anais/anais_paginas%20_2502-3078/Inter face%20portugu%EAS.pdf. Acesso em set. de 2013.

_____. No tempo e no espaço: mapeando as línguas de fronteira. In *Anais I CIPLOM*, de 19 a 22 de out. de 2010. Foz do Iguaçu, 2010, p. 1-7. Disponível em http://www.apeesp.com.br/ciplom/Arquivos/artigos/pdf/elianasturza.pdf. Acesso em set. de 2013.

VON BORSTEL, Clarice N. Políticas linguísticas e educacionais em situações de línguas em/de contato. In *LLJournal*, v. 8, n. 1, p.1-10. 2013. Disponível em http://ojs.gc.cuny.edu/index.php/lljournal/article/view/1365/1452 Acesso em jun. 2014.

3. CIDADES MODERNAS, IMAGENS PLURAIS: COSMOPOLITISMO E SINGULARIDADE NA URBE LATINO-AMERICANA
VIVIANE DA SILVA ARAUJO

Introdução

A partir do último quartel do XIX, teve impulso na América Latina a noção de que as reformas urbanas, sobretudo das cidades capitais, poderiam acelerar o progresso tanto material quanto dos costumes dos seus habitantes, a fim de atrair mercados e imigrantes europeus, bem como projetar uma imagem moderna das nações que estas cidades eram incumbidas de representar. Estas reformas urbanas, inspiradas no exemplo da reforma parisiense empreendida por Georges Eugène Haussmann, na América Latina estavam ligadas a um projeto de modernização conservadora, baseada sobre uma perspectiva de progresso que previa a incorporação ao capitalismo internacional, como também a promoção de valores socioculturais considerados condizentes com os progressos materiais almejados.

Embora cada projeto de reforma tivesse suas particularidades, estes eram os objetivos gerais, por exemplo, do plano urbanístico defendido pelo intelectual chileno Vicuña Mackenna na década de 1870, que propunha a criação de uma espécie de cordão sanitário que preservasse a região a qual denominava "Santiago próprio" das influências maléficas dos subúrbios da capital. A melhoria das condições de salubridade e a modernização dos espaços públicos eram almejadas também pelas reformas empreendidas em Buenos Aires, entre 1880 e 1887, por Torcuato de Alvear; e, no Rio de Janeiro, entre 1902 e 1906, durante a prefeitura de Francisco Pereira Passos. Tais empreendimentos visavam à inserção das cidades-capitais; das cidades portuárias – consideradas portas de entrada para imigrantes, produtos e ideias do mundo ocidental – ou daquelas cidades que experimentaram grande crescimento graças a sua vinculação com a produção de artigos valorizados no mercado internacional, como exemplifica o desenvolvimento urbano de Antofagasta após a Guerra do Pacífico, alicerçado na produção de salitre na região incorporada ao norte do Chile, e o crescimento de Manaus e Belém, ligadas à produção e exportação de borracha que se desenvolveu no norte do Brasil entre as duas últimas décadas do século XIX e a primeira do século XX.

A percepção da urbe como local por excelência do desenvolvimento da modernidade não dependeu portanto apenas dos avanços materiais, mas encontrou legitimidade sociocultural na produção e circulação de diversos tipos de representações que conferiam sentidos para as transformações experimentadas. A cidade, portanto, exercia um importante papel não apenas do ponto de vista comercial e administrativo, como também cultural e simbólico. A valorização da cidade se dava em detrimento do não-urbano, por vezes identificado ao universo indígena, considerado atrasado e estéril e, por outras, identificado tão somente como o "sertão" ou o "deserto", isto é, aquilo que se distinguia não por suas características singulares, mas pelas suas "ausências". Tal oposição era parte dos mecanismos discursivos de classificação das diferenças tendo em vista a construção de um futuro moderno para as sociedades latino-americanas pautado no desenvolvimento dos valores capitalistas ocidentais universalizados e naturalizados como prática e discurso hegemônico moderno que desde o colonialismo europeu do século XVI, desenvolveu-se produzindo classificações sociais assimétricas entre superiores/ dominantes/ europeus e inferiores/ dominados/ não-europeus, operadas através da criação de desigualdades em distintos âmbitos materiais e subjetivos (Cf. LANDER, 2000).

Entre as diversas representações culturais produzidas em meio ao contexto intelectual latino-americano de produção do moderno, própria do período da passagem do século XIX para o XX, dedico-me aqui a analisar um conjunto de imagens e de crônicas publicadas em três revistas ilustradas surgidas neste período: a argentina *Caras y Caretas*, revista semanal publicada em Buenos Aires entre 1898 e 1941, a brasileira *Kosmos*, revista mensal publicada no Rio de Janeiro entre 1904 e 1920 e a chilena *Zig-Zag*, revista semanal publicada em Santiago entre 1905 e 1964. Embora estas revistas possuam características próprias que as diferenciam, as análises realizadas no presente trabalho se concentram sobre a observação de algumas semelhanças importantes: a prioridade pelas temáticas do cotidiano, o uso combinado de imagens e textos na apresentação dos temas abordados nestas revistas, inclusive a utilização frequente de imagens fotográficas em suas páginas e, mais pontualmente, uma abordagem da temática do pitoresco, do tradicional, da simplicidade dos costumes populares em cada uma dessas cidades como uma espécie de contraste com a cidade cosmopolita dos consumidores destas mesmas revistas.

O objetivo deste estudo é compreender algumas das percepções acerca das mudanças e das permanências ocorridas em algumas das cidades latino-americanas que passaram por processos de modernização urbana neste período, a fim de identificar ambivalências entre o desejo de cosmopolitismo e o apego ao tradicional por meio dos desdobramentos da noção de *pitoresco*. Por isso a análise se concentra no estudo de representações que produziram um imaginário de pitoresquismo ao abordar determinados costumes associados aos cenários, aos costumes e aos tipos populares urbanos como características tradicionais que, num momento de intensa modernização, teriam a capacidade de preservar uma aura de singularidade, de autenticidade, representando aquilo que não se queria perder totalmente em meio às transformações da cidade moderna. Ao identificar a circulação de imagens visuais e verbais nestas revistas e relacioná-las às noções de modernidade, tradição, progresso, identidade, etc., espera-se contribuir com os debates sobre as ambivalentes percepções acerca da modernidade latino-americana.

Imagens pitorescas

Desde o exemplar de número 31, de 6 de maio de 1899, o semanário ilustrado argentino *Caras y Caretas* passa a publicar uma sessão intitulada "Buenos Aires Pintoresco", trazendo em sua primeira aparição a cena de um casebre do subúrbio, uma moradia pobre habitada aparentemente pelo casal negro que se pode ver de pé sobre a sacada; em primeiro plano um homem de costas, ao lado de um cavalo, parece estar descalço e caminha na direção da entrada do casebre [Figura 1]. A cena foi desenhada por Manuel Mayol, pintor espanhol radicado em Buenos Aires que já havia colaborado com outros períodos ilustrados, entre os quais o mais importante foi *Don Quijote*, para o qual utilizava o pseudônimo de Heráclito. Nesta primeira publicação da sessão "Buenos Aires Pintoresco" o desenho de Mayol ocupou uma página inteira da revista, em cores, apresentando apenas o título da sessão acima da imagem e uma legenda explicativa com indicação da autoria abaixo, mas em outros números da revista, esta sessão se diversifica, passando a trazer também crônicas e imagens fotográficas.

É importante salientar que *pitoresco* não significa atrasado, bárbaro ou qualquer outra noção depreciativa, mas algo que se caracteriza prioritariamente por ser considerado interessante e, por isso, digno de ser, literal ou metaforicamente "pintado". A própria origem da palavra, de acordo com o *Primer Diccionario General Etimológico de la Lengua Española*, de Don Roque Barcia, editado em 1881, remete ao verbo pintar. No dicionário, *pintoresco* é definido como o "adjetivo que se aplica a las cosas que presentan una imagen agradable, deliciosa y digna de ser pintada, como campiña pintoresca, lugar pintoresco." (BARCIA, 1881, p. 250). Usada no campo da arte pelo menos desde o século XVIII, ao longo do século XIX a expressão passa a ser empregada de modo mais amplo e usada muitas vezes para designar aquilo que é único, raro e, em grande medida, associado ao rústico, ao distante ou a algo que remete ao passado, carregando também certo conteúdo de exotismo. Nos periódicos analisados aqui, os costumes, as cenas cotidianas e os tipos populares que circulavam pelas ruas das cidades, tornando-as singulares, são tomados como pitorescos por comporem cenas interessantes e curiosas para o olhar do citadino que compartilha dos valores culturais modernos, consumidor potencial destas representações.

Figura 1 – Buenos Aires Pintoresco – Un caserio de los suburbios Caras y Caretas, n. 31, 6 de maio de 1899

A produção de imagens e crônicas sobre as cenas e os personagens do subúrbio, os costumes e os tipos populares se relaciona ao clima de adaptação a uma série de obras de infraestrutura urbana que em pouco tempo modificaram profundamente a paisagem urbana ao abrir avenidas que revelaram horizontes antes desconhecidos para o transeunte, que provocaram o deslocamento de setores populares do centro para os subúrbios em decorrência justamente dessas obras, que modificaram ou até mesmo proibiram determinadas práticas de comércio ambulante devido a necessidade de atender novos preceitos de salubridade, entre outras tantas transformações. A intensidade e a velocidade dessas mudanças não causaram apenas entusiasmo, mas também provocaram uma sensação de perda e, ao mesmo tempo, estimularam a reflexão sobre o que significa o moderno, o novo, sobre o que significa ser cosmopolita e se era mesmo isso que se desejava; assim como estimulava, outra face da mesma moeda, a reflexão sobre a identidade local, sobre o tradicional, o familiar, o típico.

Desse modo, vale acrescentar que para além da curiosidade, o tema dos tipos e dos costumes populares urbanos contribuiu para a criação de idealizações a respeito da identidade local e de suas interfaces com a identidade nacional. Partindo da premissa de que as imagens visuais tanto refletem quanto atuam na elaboração de imagens mentais, pode-se realizar um movimento circular entre as imagens propriamente visuais e as imagens verbais, a fim de relacioná-las a uma série de conceitos relevantes para uma compreensão mais ampla sobre este período, tais como moderno, tradicional, típico, pitoresco, entre outros. Conceitos que estas representações ajudaram a construir e reproduzir.

Vale a pena citar aqui o ensaio clássico de Angel Rama *La ciudad letrada*, onde o autor analisa a função prospectiva presente tanto na construção quanto na reformulação das cidades da América Latina como parte da premissa de que o desenvolvimento social estaria atrelado ao desenvolvimento planificado do meio urbano, gerido pelos grupos sociais aos quais denominou "cidade letrada". Sobre as transformações ocorridas em diversas cidades latino-americanas a partir do último quartel do século XIX, Rama destaca a atuação dos intelectuais no sentido de criar uma estabilidade capaz de dar sentido às mudanças materiais até então desconhecidas. O desejo de controlar o novo relacionava-se não só à constituição das literaturas nacionais, à incorporação à letra culta e urbana de elementos da tradição oral e rural que se dissolviam, mas também à descrição de paisagens, tipos e costumes do meio urbano que se alterava rapidamente, a partir de práticas costumbristas, inserida num conjunto de estratégias de produção de raízes identificadoras. Tal preocupação era compreensível numa época em que as cidades passavam por um processo de transformações que geravam incertezas e estranhamento.

La movilidad de la ciudad real, su trafago de desconocidos, sus sucesivas construcciones y demoliciones, su ritmo acelerado, las mutaciones que introducían las nuevas costumbres, todo contribuyó a la inestabilidad, a la pérdida de pasado, a la conquista de futuro. La ciudad empezó a vivir para un imprevisible y soñado mañana y dejó de vivir para el ayer nostálgico e identificador. Difícil situación para los ciudadanos. Su experiencia cotidiana fue la del extrañamiento. (RAMA, 1998, p. 77)

A experiência de estranhamento teria sido provocada não somente pelas mudanças em si, fossem elas relativas ao aspecto físico das cidades, à sua crescente e anônima população, à alteração dos costumes provocada pelos novos habitantes e suas novas necessidades, ou pelos modernos meios de transporte, comunicação, consumo, entre outras novidades do período, e suas implicações no cotidiano dos citadinos. A sensação de estranheza e instabilidade se relacionava, sobretudo, à perda dos laços com um passado gerador de identidade e a aceitação, inevitável, do futuro a sua frente, provocados por todas essas mudanças.

Em 5 de março de 1905 a revista ilustrada chilena *Zig-Zag* publica uma sessão chamada "croquis santiaguinos" dedicada a "la calle de Bueras", composta por uma crônica assinada com as iniciais do próprio Edwards Mac Clure, fundador do periódico, e três fotografias de autoria não identificada [Figura 2]. Neste caso, a relação entre os costumes populares tradicionais e a idealização da identidade local e nacional é bastante clara, indicando que seria justamente nesta rua esquecida pelas reformas urbanas e pelas elegâncias da Santiago da alvorada do século XX que se encontrariam os quadros pitorescos que revelavam o "penetrante caráter nacional":

¿Qué escenas y tumultos, qué crímenes y dolores han visto los muros ruinosos de esta calle que se desliza como una sierpe dormida por entre las reformas y las elegancias de una ciudad moderna?

(…)

Por las puertas de las casas se ven hacia el interior cuadros pintorescos que tienen un penetrante carácter nacional. Allí están el poblado conventillo con sus cordeles estirados a lo largo y a la blanca ropa tendida al sol. Allí se sorprende la escena del muchacho perseguido a zurriagazos por la madre y coreada por ladridos del perro o las risotadas de las vecinas. Allí está el guardián cuidadoso que lustra sus botas o pega por sí mismo los botones de su ropa. No faltan ni el sastre remendon que cose al sol las ropas de sus clientes, ni la muchacha que riega en un rincón sus tiestos de pensamientos y claveles.[1]

Diante do risco oferecido naquele contexto de reformas urbanas de que diversas modalidades de prestação de serviço e de comércio ambulante, por exemplo, fossem suprimidas das novas urbes reformadas e desconhecidas pelas gerações futuras, esses personagens, tanto quanto as ruas, o estilo arquitetônico e os pitorescos costumes da população que habitava estes espaços se tornaram também importantes para uma reflexão mais ampla sobre a tensão entre modernidade e a tradição. Desse modo, em diversos

---

[1] Edwards Mac Clure. "La calle de Bueras", *Zig-Zag*, 5 de março de 1905.

momentos os vendedores ambulantes também apareceram em representações que exprimiam uma postura crítica a respeito dos impactos das transformações, respostas à mutabilidade que caracterizava o presente. Ao mesmo tempo, criavam imaginários de um passado rústico e simples, que parecia se perder.

A partir dessas premissas pode-se compreender de o entusiasmo Mario Pederneiras ao encontrar uma "ingênua baiana vendedora de mendobi e cuscuz", em meio ao "tudo novo" da recém-construída Avenida Central, símbolo da modernidade no Rio de Janeiro, relatado na crônica não por acaso intitulada "Tradições", publicada na revista ilustrada *Kosmos*, na edição de outubro de 1906. Neste caso, a crônica não estava acompanhada de uma imagem visual que compartilhasse com ela a página da revista. Contudo, a descrição realizada pelo cronista é capaz de produzir uma imagem mental que releva de algum modo o anacronismo entre aquela baiana, figura de um passado simples e "primitivo", e a própria avenida onde ela vendia seus quitutes, símbolo da grandiosidade do progresso.

> Como era cruel aquela verdade. Nesse longo percurso, desde o extremo comercial da Avenida, até aquele recanto sossegado e claro, por aquela rua suntuosa e clara, não encontráramos, sequer, o mais leve indício de uma Tradição, a Saudade viva de um Costume antigo. (...)
>
> De repente, do assomo alegre de uma descoberta vitoriosa, exclamei: — Ah, cá está! Ei-la Marcio, olha, repara, certifica-te. Era impossível. Devíamos encontrá-la por força. Tinha quase certeza. Olha, é a velha, a inesquecível Tradição. Veio plantar-se aqui neste recanto sossegado da Avenida, sob a proteção silenciosa do velho convento. Quase enfrentando a suntuosidade magnífica do Palácio Monroe, já quase no fim desse ajardinado que acompanha o velho, o monumental Convento da Ajuda, eu descobrira a luz mortiça da pequena lanterna suspensa da *Bahiana*, vendedora de mendobi e de cuscuz.
>
> Sim! Era ela, que ali estava, opondo ao clamor barulhento da Civilização dominadora, a ingenuidade simples do seu pequeno comércio primitivo.[2]

A baiana vendedora de mendobi e cuscuz, por sua simples presença, foi capaz de despertar no cronista a sensação de se encontrar com as raízes cariocas: ela era a própria tradição, materializada diante de seus olhos. Representava o sucesso na busca pela permanência de algo tradicional e simples, típico das ruas cariocas. A produção de um imaginário de *pitoresquismo* associado aos tipos urbanos populares como as baianas do Rio de Janeiro, as lavadeiras que trabalhavam às margens do Rio da Prata e uma série de outros personagens,

---

[2] Mario Pederneiras. "Tradições". *Kosmos*, outubro de 1906.

representavam características tradicionais que preservavam uma imagem singular que não se queria perder totalmente em meio ao cosmopolitismo da cidade moderna.

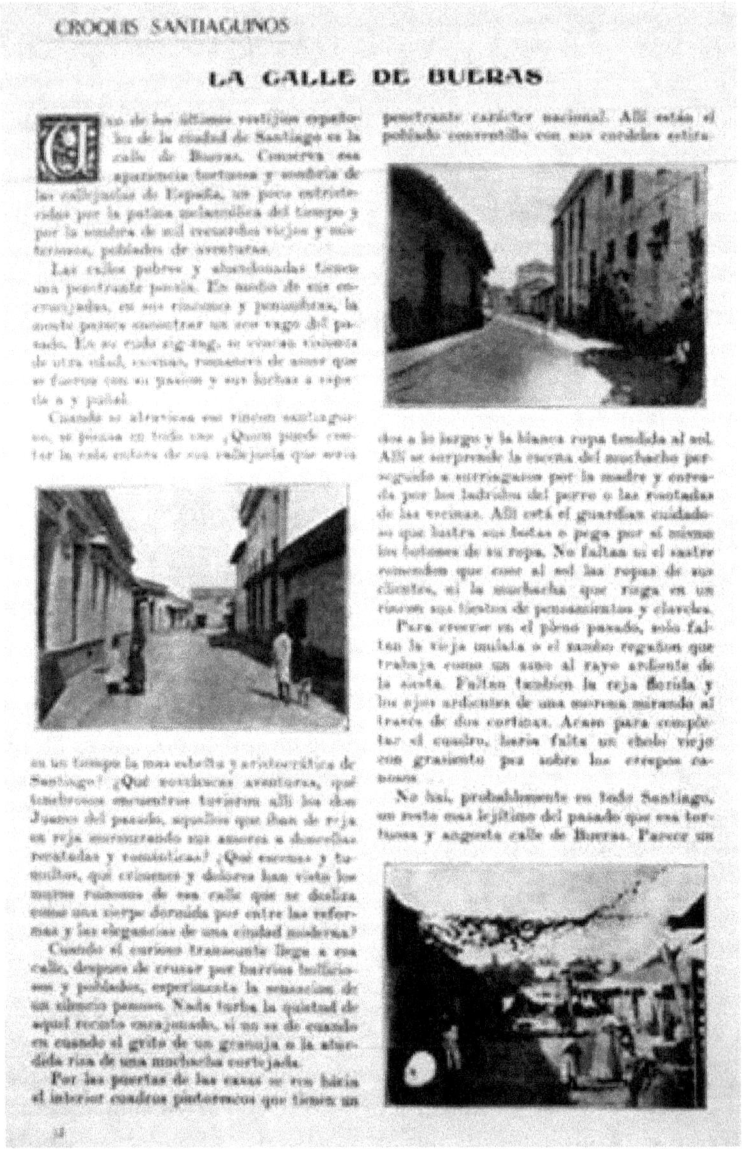

Figura 1 – Croquis santiaguinos – La calle de Bueras *Zig Zag, n. 4, 5 de março de 1905*

Vale a pena observar que, mais do que o semanário argentino *Caras y Caretas* e o chileno *Zig-Zag*, a revista *Kosmos* demonstrava uma incondicional aprovação em relação às medidas modernizadoras empreendidas no Rio de Janeiro neste período e, não raramente, trazia em suas páginas uma condenação clara dos costumes populares cariocas considerados incompatíveis com uma cidade moderna. Exemplo dessa postura encontra-se, por exemplo, na "Chronica" de março de 1904 da *Kosmos*, na qual Olavo Bilac – um dos principais colaboradores da revista – caracteriza os cordões do carnaval carioca como deploráveis cortejos eróticos em pleno espaço público cuja existência deveria ser abolida numa cidade a qual se pretendia civilizar. Revoltado com a tolerância em relação a esta festa que lhe parecia quase demoníaca, Bilac encerra a crônica com aquilo que caracteriza como um sinal de esperança: o início das obras de demolição dos edifícios desapropriados para a abertura da Avenida Central. Em diversas edições publicadas entre 1904 e 1906, fotografias das obras de construção da avenida ocuparam as páginas da revista [Figura 3].

> Já é tempo de inventar qualquer coisa nova. Chega a parecer absurdo que ainda se mantenha essa antiga usança de procissões baechicas, escandalosamente ostentando pela cidade, com aplausos de todos, o triunfo insolente das hetaíras. Creio que, de todas as cidades civilizadas, o Rio de Janeiro é a única que tolera essa vergonhosa exibição.
>
> (...)
>
> Fechemos a crônica com algumas linhas de alegria e esperança.
>
> Há poucos dias, as picaretas, entoando um hino jubiloso, iniciaram os trabalhos da construção da Avenida Central, pondo abaixo as primeiras casas condenadas. Bem andou o governo, dando um caráter solene e festivo à inauguração desses trabalhos. Nem se compreendia que não fosse um dia de regozijo o dia em que começamos a caminhar para a reabilitação.
>
> No aluir das paredes, no ruir das pedras, no esfarelar do barro, havia um longo gemido. Era o gemido soturno e lamentoso do Passado, do Atraso, do Opróbrio. A cidade colonial, imunda, retrógrada, emperrada nas suas velhas tradições, estava soluçando no soluçar daqueles apodrecidos materiais que desabavam. Mas o hino claro das picaretas abafava esse protesto impotente.
>
> Com que alegria cantavam elas, as picaretas regeneradoras! E como a alma dos que ali estavam compreendiam bem o que elas diziam, no seu clamor incessante e rítmico, celebrando a vitória da higiene, do bom gosto e da arte![3]

---

[3] Olavo Bilac. "Chronica". *Kosmos*, março de 1904.

AVENIDA CENTRAL

ENTRE GENERAL CAMARA E SANTA LUZIA

Figura 3 – Avenida Central entre General Câmara e Santa Luzia *Kosmos*, setembro de 1904

Na reportagem ilustrada intitulada "Los lavaderos municipales", composta de duas páginas com um texto de autoria não identificada e várias fotografias de "tipos de lavadeiras", publicada na já aqui citada revista *Caras y Caretas*, em 2 de fevereiro de 1901 [Figura 4], ao mesmo tempo em que mostrava o funcionamento das novas oficinas para lavagem e secagem de roupas criadas recentemente pela municipalidade de Buenos Aires, o cronista observava que aquilo que estava se transformando não era tão somente a maneira de se lavar a roupa, mas a própria personalidade da lavadeira, bem como o significado daquela personagem para a vida cotidiana na cidade. Desse modo, ao mesmo tempo em as características da vida moderna eram louvadas por melhorar as condições de higiene e amenizar a dureza do trabalho da lavadeira, as mudanças acarretavam, segundo as palavras utilizadas pelo cronista, a perda de um dos traços mais típicos da fisionomia de Buenos Aires, talvez, a sua característica mais pitoresca:

> Buenos Aires ha perdido ya uno de los rasgos típicos de su fisonomía
> y quizás el más pintoresco: aquella larga fila de negras y mulatas, de
> chinas y de italianas achinadas, que desde el amanecer corría por las

calles adyacentes al puerto e iba luego a tenderse sobre las toscas del bajo, alrededor de los pozos que correspondían a cada una y en cuya linfa cristalina lavaban las ropas de toda la ciudad, comentando a grito herido las novedades del día o las tacañerías de la clientela, enorgulleciéndose con las finas telas y los primorosos encajes que cada lavandera podía exhibir en su respectivo tendedero.

Las obras del puerto y luego las ordenanzas municipales y las necesidades de la higiene transformaron la lavandera de antaño.[4]

Figura 4 – Primeira página do artigo "Los lavaderos municipales" *Caras y Caretas, n. 122, 2 de fevereiro de 1901*

[4] "Los lavaderos municipales". *Caras y Caretas*, 02 de febrero de 1901, n. 122. Autoria não identificada.

Se por um lado os personagens do subúrbio, os ofícios ambulantes tradicionais poderiam contrastar com o almejado ideal de cidade moderna, por outro, ofereciam às ruas uma colorida e ruidosa movimentação que chamava a atenção de observadores que associavam estes personagens ao que era tido como autêntico naquelas cidades. O tema do pitoresco dialogava com uma tradição escrita e pictórica de longa data, que esteve ligada aos relatos de viagens, às descrições dos hábitos cotidianos das camadas populares, de pessoas e lugares interessantes e curiosos, uma prática muito característica no século XIX, e que seguiu se fazendo presente no século XX. Cenários característicos da cidade do passado, preservado apenas nos subúrbios ou em pequenos espaços não modificados pelas reformas urbanas, cuja simplicidade pouco a pouco desaparecia na vida moderna.

Considerações finais

As reformas urbanas empreendidas em várias cidades latino-americanas – especialmente nas capitais, incumbidas de dar visibilidade interna e externamente dos progressos alcançados – na passagem do século XIX e as primeiras do XX buscavam promover a modernização urbana segundo padrões de progresso material e de civilidade propagados pela cultura ocidental moderna deste período. Desse modo, estas reformas promovidas em nome da salubridade e da melhoria dos espaços de circulação de pessoas, veículos e mercadorias visavam a solução de problemas imediatos provocados pela própria dinâmica do crescimento urbano e, ao mesmo tempo, buscavam atender à demanda de civilizar o gosto e os hábitos dos citadinos.

Entretanto, a intensidade destas mudanças motivou a produção de representações culturais sobre os elementos singulares e tradicionais dessas cidades que se modificavam de modo acelerado e que estavam em vias de desaparecer ou de serem transformados completamente. Neste trabalho, foram apresentadas algumas das tensões entre a exaltação do moderno e cosmopolita e a valorização da identidade local e de seus traços tradicionais. Para tanto, concentrou-se na análise de crônicas e imagens visuais publicadas nas revistas ilustradas *Caras y Caretas*, *Kosmos* e *Zig-Zag*, que em algumas de suas sessões dedicadas ao cotidiano urbano, produziram um imaginário de pitoresquismo, abordando cenas e tipos populares como símbolos da autenticidade e da identidade local.

Abordando o tema do cotidiano popular, visando o leitor das camadas médias urbanas, as sessões aqui selecionadas para análise nas três revistas supracitadas abordaram a tensão entre mudança e permanência em cidades que passavam por reformas que em pouco tempo transformavam completamente a sua paisagem. Desse modo, produziram idealizações a respeito do tradicional e do moderno, a fim de situar um presente marcado por transformações intensas. Ao produzir representações sobre as cidades, evidenciando as transformações ocorridas no perfil de seus habitantes, nos costumes e nas paisagens, em um período de intensas transformações, editores, ilustradores, fotógrafos e cronistas que atuaram para a produção destas publicações inscreveram estas mudanças e permanências no conjunto de construções culturais sobre estas cidades. Afinal, ao mesmo tempo em que interpretavam, também domesticavam aqueles cenários em mutação, produzindo representações apreciáveis e palatáveis para os consumidores destas revistas.

Referências bibliográficas

ALTAMIRANO, Carlos & SARLO, Beatriz. "La Argentina del Centenario: campo intelectual, vida literaria y temas ideológicos". In: *Ensayos argentinos: de Sarmiento a la vanguardia*. Buenos Aires: Editor de América Latina, 1983.

ANDRADE, Joaquim Marçal Ferreira de. *Primórdios da fotorreportagem no Brasil: a fotografia na imprensa do Rio de Janeiro, 1839-1900. 2002*. Dissertação de Mestrado. Pontifícia Universidade Católica do Rio de Janeiro. Departamento de Artes e Design, 2002

BARCIA, Don Roque. *Primer Diccionario General Etimológico de la Lengua Española*. Madri: Álvares Hermanos, 1881.

GORELIK, Adrián. "Ciudad, modernidad, modernización". In: *Universitas Humanística*. Pontifícia Universidad Javeriana, Bogotá, 2003.

RAMA, Angel. *La ciudad letrada*. Montevideo: Arca, 1998.

ROMERO, José Luis. *América Latina: as cidades e as ideias*. Rio de Janeiro: Editora UFRJ, 2009.

DARRIGRANDI, Claudia. *Huellas en la ciudad: Figuras urbanas en Buenos Aires y Santiago de Chile, 1880-1935*. Santiago: Cuarto. Propio, 2015.

Fontes:

Caras y Caretas: semanario festivo, literario, artístico y de actualidades. Exemplares consultados: 1898-1910. Disponível na Hemeroteca Digital da Biblioteca Nacional de Espanha. In: http://www.bne.es/

Kosmos: revista artística, scientífica e litteraria. Exemplares consultados: 1904-1909. Disponível na Hemeroteca Digital da Biblioteca Nacional (Brasil). In: bndigital.bn.gov.br/hemeroteca-digital

Zig-Zag: revista semanal ilustrada. Exemplares consultados: 1905-1911. Disponível em "Memoria chilena" - Biblioteca Nacional de Chile. In: http://www.memoriachilena.cl/

4. INTER(AGIR)CULTURAL – VISÕES E AÇÕES NA TRÍPLICE FRONTEIRA ARGENTINA – BRASIL – PARAGUAI

LAURA JANAÍNA DIAS AMATO

Introdução

Uma fronteira geográfica é muitas vezes um lugar de disputa de espaço, de identidade, de demarcação. Zunino; Ferreira; Orihuela (2014, p. 88) referem-se a região da tríplice fronteira – Brasil, Paraguai e Argentina - como "um territorio en disputa, atravesado por grandes interesses económicos y geopolíticos".

Mas ao mesmo tempo, a fronteira pode (e deve) ser um espaço livre de circulação, de trocas concretas, de fluidez. Em regiões conhecidas como fronteiras secas, não é possível determinar onde começa um lado e termina o outro, a não ser que exista um marco físico, como uma cerca, um muro, uma bandeira que limite e talvez impeça – no caso de muros - a interação entre um lado e outro. Há, entretanto, outros tipos de fronteira, nas quais precisamos atravessar uma ponte ou entrar em uma balsa (quiçá um navio), para, após a passagem pelas águas - de rio, mares, oceanos – adentrarmos em outros limites.

Estas fronteiras secas são vistas em diversos lugares, até mesmo em nossas próprias cidades, conforme nos explica Pereira (2014). Muitas vezes não conhecemos um bairro distante, uma ocupação próxima ao nosso trabalho e, algumas vezes, nem mesmo os arredores da escola onde nosso filho estuda. Os "limites" dessas fronteiras estão lá, mas não enxergamos, pois são limites imaginários (e imaginados).

Já as outras fronteiras, as quais devemos transpassar pelas águas, também existem nos mais diferentes ambientes. Muitas vezes temos que usar mecanismos externos para transpor nossos próprios limites e assim deixar para trás o desconhecido.

Neste texto vou explorar essas fronteiras: as geográficas e as imaginárias, que fazem parte do nosso dia-a-dia e muitas vezes nem percebemos que estão aí falo a partir de uma fronteira específica: a região de Foz do Iguaçu. Este texto é resultado de pesquisas realizadas durante disciplinas de graduação dos cursos de Letras – Expressões Linguísticas e Literárias[1] e Letras, Artes e Mediação da Universidade Federal da Integração Latino-Americana (UNILA), nas quais pudemos abordar situações do cotidiano da região fronteiriça e discutir como as linguagens presentes (e ausentes) em determinados contextos auxiliam na formação da identidade do cidadão

---

[1]Este curso teve uma única turma, com início em 2011.

trifronteiriço.

Pretende-se, portanto, abordar questões relacionadas à problemática das relações interculturais na região trinacional Brasil – Paraguai – Argentina, refletindo a partir de aspectos linguístico-culturais levantados e do modo de como as relações são organizadas e estabelecidas na região citada, afetando identidade local.

Fronteiras secas X Fronteiras "líquidas"

Foz do Iguaçu se localiza no extremo Oeste do Estado do Paraná, fazendo divisa com a província de Missiones - Argentina e Alto Paraná - Paraguai. Foz do Iguaçu está entre uma das três cidades com a maior destinação de turistas no Brasil, conforme dados do relatório de 2013 do Ministério do Turismo, e possui diversos atrativos como a Usina Hidroelétrica de Itaipu e as Cataratas do Iguaçu. Muitos que estão aqui aproveitam também para fazer compras em Ciudad del Este e jantar ou divertir-se em Puerto Iguazú. E assim a fronteira é vendida: visita-se Foz do Iguaçu, atravessa-se a Ponte da Amizade para as compras de eletrônicos no Paraguai e a Ponte Tancredo Neves para a diversão na Argentina, com seus restaurantes e cassino.

Fonte: Google Imagens. Fronteira Paraguai – Brasil.

Mas, Foz do Iguaçu não é somente uma cidade para "turista ver". Com 81 (oitenta e uma) etnias, conforme informação da Polícia Federal[2], há quase 300 mil moradores que habitam a cidade e que atuam nessa fronteira. O que quero dizer com isso? Que muitos moradores de Foz do Iguaçu trabalham, por exemplo, no comércio paraguaio e fazem compras em mercados

---

2 Informação de 2014.

argentinos. Desta forma, essas duas fronteiras – Argentina e Paraguai – acabam fazendo parte do cotidiano do morador de Foz do Iguaçu, e vice-versa. Muitos moradores de Puerto Iguazú e Ciudad del Este também atravessam as respectivas pontes para realizarem seus estudos no Brasil, ir ao supermercado, visitar amigos, consultas médicas e até mesmo para se divertirem (DANIEL, 2014, p. 102).

Foz do Iguaçu não é uma fronteira seca, no sentido estrito da palavra, suas fronteiras são divididas pelos rios Iguaçu e Paraná. Estes dois rios além de demarcarem geograficamente uma separação entre Brasil e Argentina e Brasil e Paraguai, também compõem parte de outras duas maravilhas da humanidade: uma natural – as Cataratas do Iguaçu – e outra construída – a Usina Hidroelétrica de Itaipu. Ao mesmo tempo em que estes rios "separam" os países, eles unem também as fronteiras: compartilhando as quedas d'água, produzindo energia conjunta. Estes aspectos físico-geográfico e econômico desta fronteira auxiliam na elaboração de um imaginário sobre ela. Afinal, a fronteira, em Foz do Iguaçu, é líquida e sendo assim é passível de uma fluidez e de uma contigência que vai além das delimitações fisico-geográficas. A água separa, (conf)un(d)e e inunda a diversidade linguístico-cultural da região, discutindo(?) fronteiras, o imaginário e a identidade da região. Além disso, a fronteira "líquida" nos remete à liquidez dos tempos que vivemos, conforme discutido por Bauman (2003).

Pereira (2014) em sua obra apresenta várias construções sobre o imaginário da tríplice fronteira, apresentando questões relacionadas ao Aquífero Guarani, ao narcotráfico, às tribos urbanas – em especial a Conscienciologia (DANIEL, 2014), ao linguístico e às artes poéticas. Em seu texto, Pereira (2014, p. 181) apresenta as fronteiras como "'laboratórios' sociais, nos quais a dimensão cultural assume um caráter cada vez mais político e politizador das relações regionais". Pereira (2014), se apropriando de García Canclini (2001) traz a tona o caráter híbrido das fronteiras, onde somos incitados a nos "desterritorializar" para nos "reterritorializarmos" e assim as próprias identidades e objetos ou manifestações culturais fronteiriças são redimensionadas e realocadas transformando-se em "laboratórios interculturais" (GARCÍA CANCLINI, 2001). Enquanto Canclini (2001) aborda o conceito de "reterritorializar", o geógrafo Haebart (2003) aponta o conceito de multiterritorialidade. Para ele o que vivemos atualmente é um "territorialidade plural globalizada, o que se observa é uma des-ordem territorial de diversar lógicas" (op. cit., p. 21).

Assim, com esse hibridismo e essa des-ordem territorial observamos esses espaços serem transformados em um "laboratório intercultural", os espaços geográficos das fronteiras acabam extrapolando seus limites e se reorganizam de maneira orgânica e subjetiva, de modo a contemplar e refletir as práticas sociais dos habitantes desta fronteira. Por isso, uma fronteira *supostamente* dividida por rios muitas vezes é reflexo da própria água: pois ao mesmo tempo em que as águas separam os países, elas os misturam, dificultando a possibilidade em identificar qual água pertence a cada país. E assim são as fronteiras, separadas ou não pelas águas, o fluxo intenso e constante faz com que se torne difusa a delimitação entre ao que pertence ao individual e ao coletivo, a fronteira acaba se tornando o lugar onde "se aprende a viver a proteção da segurança impressa pela identidade (étnica e/ou nacional) e as necessárias e cotidianas negociações que enfatizam a flexibilidade e a permeabilidade" (PEREIRA, 2014, p. 186).

Inter(agir)cultural e co(n)viver em uma tríplice fronteira

Neste espaço híbrido, fluído e multicultural, como a tríplice fronteira, as relações são permeadas entre o cruzamento de diversas culturalidades[3], ou seja, seus habitantes estão sempre convidados a (inter)agir com o outro e nessa (inter)ação o eu se desloca e se reconstrói e ao se reconstruir também altera a visão do eu pelo outro. Assim, percebemos, por exemplo, que um espaço físico localizado no Brasil não é unicamente *brasileiro*, pois é permeado de relações e construções de outras etnias e nacionalidades, tal ideia está presente na afirmação de García Canclini (2001, p. 348) ao dizer que "[assim] as culturas perdem a relação exclusiva com seu território, mas ganham em comunicação e conhecimento", ou seja, o intercâmbio entre as culturas só multiplica o saber e o espaço da própria cultural, que não é mais nacional, mas é esse espaço híbrido e colaborativo entre os partícipes das ações socioculturais da e na Tríplice Fronteira.

Estas relações interculturais puderam ser comprovadas no resultado dos trabalhos finais realizados pelos estudantes das disciplinas Ação Intercultural e Políticas Linguísticas, pertencentes, respectivamente, à grade curricular dos cursos Letras – Expressões Linguísticas e Literárias e Letras, Artes e Mediação Cultural. As ementas das disciplinas discutem temas que tangenciam práticas interculturais em contextos de diversidade linguística e cultural, além disso, ambas têm como um dos objetivos analisar ações estratégicas relacionadas a uma comunicação/abordagem intercultural na região trinacional. A partir disso, em ambas as disciplinas, foi proposto um trabalho final no qual os estudantes deveriam fazer pesquisas de base etnográfica nas cidades de Ciudad del Este (PY), Foz do Iguaçu (BR) e Puerto Iguazú (AR) e apresentar discussões referentes às performances e paisagens linguísticas presentes nessas cidades.

Vários trabalhos[4] mereceram destaque, mas aqui abordarei alguns que

---

[3] Abdala Junior (2012) define o termo culturalidade como culturas em movimento.
[4] Os trabalhos citados foram elaborados pelas e pelos estudantes: Izabela Fernades de Souza, Eva Yolanda Taberne Albarenga, Amanda da Silva Lima, Marilisa Moura Germano, Fernando Raposo, Aníbal Armindo Giménez Ayala, Andrés Mauricio García Torres, Thaina de Santana Alencar, Tatiana Pérez Correa, Catiane da Costa Reis, Pablo Avila Militão, Mildred Astrid Torres Umba, Ana Carolina Macedo Teixeira.

apresentaram relação entre si, mesmo sendo realizados por estudantes, turmas e cursos diferentes. Estes trabalhos assemelham-se por mostrarem diferentes *momentos fronteiriços*, ou seja, eles discutem relações híbridas e complexas na fronteira do lado argentino, na fronteira do lado paraguaio e na fronteira do lado brasileiro.

O primeiro trabalho aborda a cidade de Foz do Iguaçu e sua relação entre o morador e o turista. Uma estudante apresentou a comunidade de pescadores de Foz do Iguaçu e este trabalho chamou muito a atenção de todos os participantes da disciplina, pois ninguém da turma, além da proponente do trabalho, sabia que em Foz do Iguaçu havia uma colônia de pescadores que tirava seu sustento da pesca na região. A proponente é filha de um pescador e relatou a visão de alguns membros da colônia em relação ao trabalho realizado por eles, que vai desde a pesca até a manufatura de produtos, e a recepção das comunidades, sendo elas tanto a comunidade brasileira em geral, não envolvida com a atividade pesqueira, quanto a dos pescadores paraguaios e outros pescadores brasileiros. Nesse sentido, a estudante relatou as conexões existentes entre as comunidades que extrapolam as fronteiras geográficas e linguísticas, ou seja, as comunidades consideradas ribeirinhas, que "disputam" o mesmo território e os recursos advindos dele, estabelecem relações linguísticas e políticas a partir da prática da pesca de subsistência.

A partir disso, outro grupo de estudantes observou como o *"sub-existir"* em Foz do Iguaçu pode ser feito através de uma política de linguagem que invisibiliza a diversidade.

Silva, Santos e Jung (2016, p. 5), citando Shohamy (2006), nos apresentam mecanismos que determinam algumas políticas linguísticas e através dos quais estas políticas são manifestadas pela sociedade, entre elas está o uso da linguagem em espaço público. Segundo as autoras, o uso da linguagem em espaço público "serve como um mecanismo para afetar, manipular e impor práticas de linguagem, neste sentido, ele é semelhante aos outros três mecanismos, pois podem transformar ideologias em prática, e, portanto, são parte da visão mais ampla da política linguística" (op. cit.). Tendo em vista que a linguagem usada em espaço público é uma política tanto *top-down* quanto *bottom-up* (SHOHAMY, 2009), ou seja, é algo tanto da gestão pública, das entidades governamentais (*top-down)* quanto dos moradores e usuários das línguas (*bottom-up)*, percebe-se em Foz do Iguaçu uma invisibilização de ações *bottom-up*, como no caso do desconhecimento da comunidade de pescadores e suas linguagens. E há um favorecimento de questões *top-down*, destacando o uso de uma língua não-oficial na tríplice fronteira: a língua inglesa, como apresentado nas figuras abaixo:

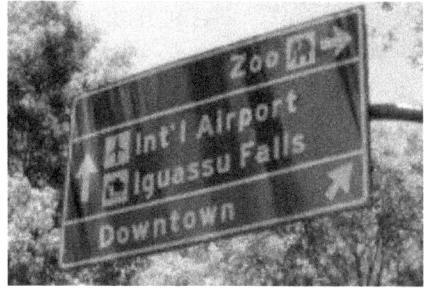

Fonte: fotos tiradas por Fernando Raposo

Assim, a gestão política dialoga com o turista internacional e não com os habitantes da fronteira. A política *bottom-up* é feita pelos moradores, pelos comerciantes, isto demonstra o trânsito e a fluidez da fronteira. Os cartazes abaixo dialogam com o habitante deste território, utilizando linguagens próprias daqui e para a população daqui:

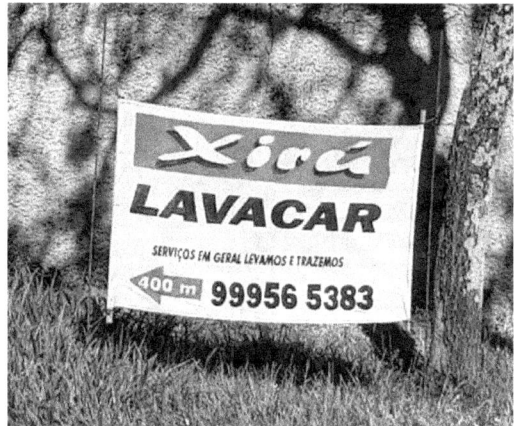

Fonte: fotos tiradas pela autora e por Diana Araújo Pereira

Segundo estudos de Gorter e Cenoz (2008), estudar a paisagem linguística é "observar as línguas no contexto em que são utilizadas". Nesse sentido, o trabalho realizado em Puerto Iguazú, que contou com a análise e a participação ativa da estudante Eva Yolanda Taberne Albarenga, revela algumas questões pertinentes ao contexto trinacional e à visão identitária dos moradores deste local.

A estudante tinha como objetivo avaliar as interações comunicativas na feirinha de Puerto Iguazú. Em seu relato, ela interage tanto com comerciantes quanto com frequentadores da feirinha, que mesmo sendo localizada em um país de língua oficial hispânica, possui um nome em português: *feirinha*. Além disso, a estudante observou que alguns itens nos cardápios, placas indicativas e até mesmo o entretenimento musical eram apresentados em língua portuguesa. Observou, ainda, que alguns frequentadores da *feirinha* faziam seus pedidos em português, sem mesmo se importar se estavam sendo ou não compreendidos e se comportavam como se estivessem em um espaço propriamente "brasileiro": com cardápio, música e atendimento em português. A figura abaixo retrata essa mistura. Vemos ao lado de uma placa escrita em espanhol uma informação em português para que o turista brasileiro compreenda melhor o cardápio oferecido pelo restaurante.

Fonte: Google Imagens

Além disso, há forte presença de vocábulos indígenas ou translíngues, que evocam a memória indígena – quiçá natural – da cidade, provocando nas pessoas um comportamento linguístico que tange ao exótico, ou seja, estar em Puerto Iguazú é estar perto do natura, do primitivo. Como na imagem abaixo, na qual a palavra *Jacy* de origem guarani, cuja tradução em português é lua, nomeia uma pousada em meio a selva[5]:

---

[5] Informação obtida na *website* do hotel.

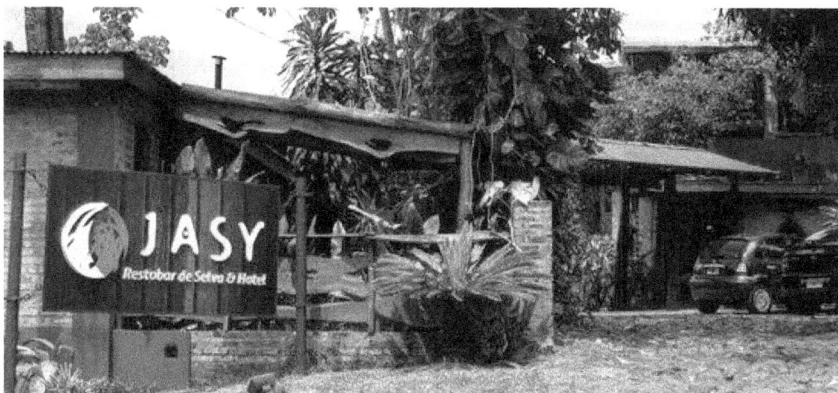

Fonte: imagem do Google

O uso dessas línguas pode ser, dentre outros, responsável por processos de manutenção e mudanças de língua (CENOZ; GORTER, 2008b), assim, essa língua, não mais o espanhol, não mais o português e não mais o guarani torna-se outra, tornando outro também seu falante.

O último trabalho que quero destacar é sobre as mensagens do grupo Ação Poética Tríplice Fronteira localizadas na Ponte da Amizade (fronteira Brasil e Paraguai). O trabalho realizado na Ponte da Amizade, com a mensagem trilíngue do grupo Ação Poética na Tríplice Fronteira, tinha como objeto de análise a reação dos transeuntes ao perceber e/ou ler a mensagem escrita no muro perto da aduana brasileira. A frase em questão é "Nascemos de muitas mães mas aqui só tem irmãos" (sic)[6] e está escrita em português, espanhol e guarani. As estudantes perguntavam aos transeuntes o que achavam do conteúdo da frase e aos frequentadores assíduos, como os vendedores na Ponte da Amizade, se já haviam observado a frase e seu conteúdo. E, apesar de muitos dos transeuntes serem moradores da tríplice fronteira, a grande maioria – cerca de 80% - nunca havia observado que a frase estava também escrita em guarani.

---

[6] Essa frase, original em espanhol, foi retirada da música La Perla, do grupo porto riquenho Calle 13.

Fonte: foto tirada pela autora

Novamente aqui podemos observar como a paisagem e a política *bottom-up* *"sub-existe"*. Isso também pode ser verificado no comércio de Ciudad del Este, quando os estudantes em seu percurso encontraram poucos escritos em guarani (língua oficial do Paraguai, assim como o espanhol). O guarani presente na Ponte da Amizade e na mensagem de boas-vindas ao adentrar em território paraguaio apresenta uma língua não-vista pelo habitante da tríplice fronteira, no qual se vê majoritariamente as línguas portuguesa, inglesa e espanhola.

Os trabalhos realizados apesar de terem objetivos diferentes e de terem sido realizados em locais diferentes, revelam a fluidez e o hibridismo de se viver (em)as fronteiras. Os trabalhos citados apresentam semelhanças entre si ao abordar aspectos linguísticos e interculturais não só como um movimento de interação, mas como sendo uma (re)construção conjunta de significados e, consequentemente, de identidades.

Podemos perceber que as relações interculturais, nos casos apresentados, vão além da simples troca de mensagens entre os interlocutores, elas são (co)construídas no social e no meio em que vivem. Conforme Kramsch (1998), "o uso da língua é um ato cultural porque seus usuários co-constroem os próprios papéis sociais que os definem como membros de uma comunidade discursiva". Tal relação e tal constituição de comunidade podem ser observadas quando, por exemplo, a pescadora faz a manufatura de seu produto ao perceber que o produto manufaturado é melhor recebido em feiras de venda de pescado. Ou quando o comerciante argentino se esforça em falar português, pois sabe que assim comercializará mais o seu produto. Assim, estes grupos (re)constroem e (re)configuram seus papéis sociais e discursivos a partir da relação com o seu interlocutor/ consumidor. García Canclini (2001, p. 350) afirma que

> As práticas culturais são, mais que ações, atuações. Representam, simulam as ações sociais, mas só às vezes operam como uma ação. Isso acontece não apenas nas atividades culturais expressamente organizadas e reconhecidas como tais; também os comportamentos ordinários, agrupados ou não em instituições, empregam a ação simulada, a atuação simbólica.

Podemos ver essas simulações citadas por Canclini (2001) nas barracas da *feirinha*, em Puerto Iguazú. Encontramos cardápios com mesclas linguísticas, com designações em português e espanhol e inclusive algumas em portunhol, como o caso de "aceitonas". A *feirinha* é uma espécie de simulacro da vida boêmia brasileira: em território estrangeiro, o brasileiro pode comer petiscos típicos de bares nacionais, tomar cerveja argentina, conversar e fazer seu pedido em português, podendo, desta forma, o cliente brasileiro simular que está num típico bar brasileiro, mas em território estrangeiro. Tal simulação ignora a fixação da territorialidade, transpondo as barreiras e estimulando a fluidez e a não localização ou, conforme Canclini (2004, p.162): "arribamos al universo de simulacros de Jean Baudrillard, donde no tiene sentido la diferencia entre copia y modelo, entre espectáculo y realidad."

Ao compreendermos as práticas culturais como atuações e/ou simulações, podemos perceber que as interações interculturais também podem ser comparadas a representações, simulações de ações, ou seja, os grupos acima citados – pescadores, frequentadores da feirinha e transeuntes da Ponte da Amizade – simulam ações interculturais a partir de suas próprias premissas, assim, desta forma podemos compreender que a interculturalidade presente nestas fronteiras é relacionada e construída com e através da linguagem e por isso passa a existir como realidade (BORDIEU, 1998), ou seja, as relações interculturais nas fronteiras são criadas e moldadas a partir do imaginário coletivo que constrói uma relação entre o eu e o outro através da subjetividade que constitui essa relação. Tal ideia é corroborada por Coelho (2008, p. 80), quando diz que "não se trata mais do coletivo, nem do indivíduo que nada mais é que a unidade do coletivo, mas do sujeito e de sua subjetividade, que não é nunca individual, porém, pelo contrário, divisível constantemente."

Neste sentido, as fronteiras geográficas tornam-se cada vez mais tênues e as identidades nacionais vão perdendo espaço e se constituem em uma identidade (ou identidades) de fronteira, ou seja, uma identidade marcada pela subjetividade e por trocas contínuas e constantes.

Considerações finais

A fronteira pesquisada neste trabalho e os exemplos das relações nela estabelecidas, e entre os territórios envolvidos, são multifacetadas e peculiares. Elas superam o estigma do estrangeiro a partir de processos de mediações que, além de linguísticos, são culturais; rearticulando paisagens geográficas e sociais e (re)estabelecendo novos códigos e comunicações entre os participantes dessas ações.

A(s) cultura(s) presente(s) neste lugar não podem ser taxadas como individuais ou coletivas/ nacionais, mas sim do(s) sujeito(s) que a compõe e agem nela, tal como explica Coelho (2008). Podemos, nesta região, pensar em cultura como ação, assim como Coelho (2008, p. 22)

> a noção contemporânea de *ação cultural* é condizente com a visão mais ampla da *cultura como ação:* o objetivo da ação cultural (a meta de toda política cultural) é a criação das condições para que *as pessoas inventem seus próprios fins.* Algo mais fácil de falar que de fazer, sem dúvida.

Podemos dizer que as condições citadas por Coelho (2008) foram sucintamente apresentadas nos trabalhos discutidos neste artigo. Essa fronteira dinâmica, na qual as relações são de sobremaneira interculturais, revelando e desvelando diferentes posturas e formas de referenciar sua própria identidade com relação aos outros (PEREIRA, 2014).

Assim, ser e estar entre e em Foz do Iguaçu – Puerto Iguazú – Ciudad del Este é muito mais do que habitar geograficamente estas cidades e países, é manter-se em constantes conflitos, empréstimos, negociações e ações conjuntas e mútuas.

Referências bibliográficas:

ABDALA JUNIOR, B. Fronteiras (múltiplas), identidades (plurais), comunitarismos (culturais). *Revista Olho d'água*, v. 4(2), p. 30-40, 2012.

BAUMAN, Z. *Modernidade Líquida.* Tradução: Plínio Dentzien. Rio de Janeiro: Zahar, 2003. 258p.

BORDIEU, P. *Economia das trocas simbólicas*. São Paulo: Perspectivas, 1998.

CENOZ, J., GORTER, D. Linguistic Landscape as an additional source ofinput in second language acquisition, *IRAL, International Review of Applied Linguistics in Language Teaching, 46,* 257-276, 2008. Acesso em agosto de 2017.

COELHO, T. *A cultura e seu contrário*. Cultura, arte e política pós-2001. São Paulo: Iluminuras, 2008.

DANIEL, V. C. Z. Metáforas da tríplice fronteira. IN: PEREIRA, D. A. (org.). Leitura imaginária da tríplice fronteira. IN: _____ .*Cartografia imaginária da tríplice fronteira.* São Paulo: Dobra Editorial, 2014.

HAESBART, R. Da desterritorialização à multiterritorialidade. *Boletim Gaúcho de Geografia*, 29: 11–24, jan., 2003.

GARCÍA CANCLINI, N. *Culturas Híbridas* - estratégias para entrar e sair da modernidade . São Paulo: EDUSP, 2001.

_____. *Diferentes, desiguales y desconecytados*. Mapas de la interculturalidad. Barcelona: Gedia Editorial, 2004.

PEREIRA, D. A. (org.). Leitura imaginária da tríplice fronteira. IN: _____.*Cartografia imaginária da tríplice fronteira*. São Paulo: Dobra Editorial, 2014.

PROJETO PEDAGÓGICO DE CURSO, Letras – Expressões Linguísticas e Literárias. Disponível em: http://unila.edu.br/sites/default/files/files/2013/Prograd/5%20PPC%20Letras%20Expressoes%20Literarias%20e%20Linguisticas_para%20publica%C3%A7%C3%A3o%20_1_%20(1).pdf Acesso em 11 de jun de 2014.

ZUNINO, A.; FERREIRA, D.; ORIHUELA, C. La consrucció del imaginario geopolítico de la triple frontera. IN: PEREIRA, D. A. (org.). *Cartografia imaginária da tríplice fronteira*. São Paulo: Dobra Editorial, 2014.

SILVA, I. da; SANTOS, M. E. P.; JUNG, N. M. Multilinguismo e política linguística: análise de uma paisagem. In: linguística transfronteiriça. *Domínios de Lingu@gem* | Uberlândia | vol. 10 n.4 | out./dez. 2016. Acesso em agosto de 2017.

SHOHAMY, E.; GURTER, D. *Linguistic Landscape:* Expanding the Scenery. Routledge: Oxon, 2009.

5. EL ESTADO-NACIÓN IBEROAMERICANO. REFLEXIONES SOBRE SUS DESAFÍOS IDENTITARIOS
SAMUEL QUIRINO OLIVEROS CALDERÓN

Introducción

Una visión comparada del proceso de formación y evolución del estado–nación iberoamericano es una empresa ardua, por la dificultad de trazar rasgos comunes a las diversas regiones estratificadas en la última etapa de la dominación colonial iberoamericana (1760-1810). En ello incide el impacto, en la sociedad colonial, de las reformas introducidas en la segunda mitad del siglo XVIII por las metrópolis coloniales ibéricas, y el ascenso de las áreas marginales en las Américas.

Los resultados de la separación política de los antiguos virreinatos y capitanías generales de sus metrópolis coloniales, trascendieron en la etapa poscolonial y han hecho más compleja la concreción de un perfil generalizado de consumación de ese fenómeno sociohistórico en la región.

El deslinde político comenzó a conformarse desde la conquista ibérica. Los españoles se asentaron en las cabezas de los grandes imperios de México y Perú, que eran núcleos preexistentes de un patrón regional de poblamiento, con sus realidades socioeconómicas y culturales, así como con una organización conferida al espacio regional a partir de la relación establecida previamente entre el hombre y tan variada geografía. Con respecto al establecimiento de los conquistadores en estos centros se ha dicho que:

> a la necesidad de establecerse en los centros radiales de grandes masas indígenas factibles de ser utilizadas, se unía la realidad de aquel puñado de españoles en medio de millones de indígenas, a los cuales no podían imponerles de forma absoluta conocimientos y experiencias generados dentro de una tradición medieval y al fragor de la guerra de Reconquista. La vieja táctica de divide y vencerás se cumplió una vez más en el nivel étnico cultural, pero también en el regional, tan silenciado por la historiografía tradicional (VENEGAS, 2010, p.27).

La evolución del proceso de génesis y desarrollo del estado nacional en la región, lo dilatado del medio geográfico y la diversidad antropológico–cultural, ofrecen un entorno poliédrico lleno de contradicciones, que se profundiza en lo sociohistórico como resultado del camino recorrido desde el espacio colonial al nacional[11]; aunque en este tránsito no se producen –en

---

[11] Sobre todo porque América Latina es un continente con una diversidad regional marcada por diversas aristas, desde las geográficas hasta las socioculturales, políticas y económicas. Como valora H. Venegas, "la historia de América Latina es la de sus regiones" impactadas por fuerzas centrífugas y centrípetras que la han modelado en su devenir histórico, ver:

el decurso histórico de la región– conflictos étnicos de gravedad, xenofobia o fundamentalismos, característicos de otras regiones del mundo. Parece ser que la identidad en la diferencia y la diversidad cultural de esa condición cultural, que es ser latinoamericano, actuaron como claves de la singularidad de este proceso en Iberoamérica.

El análisis de la formación del estado nacional en la región no es posible abordarlo mediante el modelo europeo[2]. La problemática actual demuestra que cualquier apreciación debe partir de sus raíces endógenas sin menospreciar otros modelos, experiencias y factores externos influyentes en este proceso. Teniendo en cuenta los sucesos mundiales ocurridos entre 1830 y el final de la Segunda Guerra Mundial, la descolonización posterior y el auge de la formación de nuevos estados nación, Hobsbawm (1998, pp. 179-180) precisó:

> Si bien en teoría, (…) estos movimientos de liberación nacional en el tercer mundo tuvieron por modelo el nacionalismo de occidente, en la práctica los estados que intentaron construir generalmente eran, como también hemos visto, lo contrario de las entidades étnicas y lingüísticamente homogéneas que en Occidente se ha dado en considerar como la forma clásica del "estado nación".

Este historiador marxista británico agrega (HOBSBAWM, 1998, p. 189), que la creación de los nuevos estados luego de la Segunda Guerra Mundial reflejaba tres fuerzas: la descolonización, la revolución y la intervención de las potencias extranjeras en las regiones en que se produjo este proceso:

> La descolonización significó que, en general se crearon estados independientes partiendo de las zonas de administración colonial que existían dentro de sus fronteras coloniales. Es obvio que estas fronteras se habían trazado sin tener en cuenta a sus habitantes, a veces sin que estos lo supieran siquiera, y, por lo tanto no tenían ningún significado nacional, ni tan sólo protonacional, para sus habitantes, excepto para minorías nativas educadas por la potencia colonial y occidentalizadas, cuya importancia numérica variaba pero generalmente era exigua.

La lucha antifascista de los pueblos contra la ocupación extranjera generó no sólo un potente movimiento de emancipación política, también creó las premisas para otras reivindicaciones sociales y culturales, estableciendo lo que Vega (2002, p. 13) considera:

> Un hito en el discurso de la identidad lo constituyó el proceso de descolonización que tuvo lugar en Asia, África y América Latina,

---

Venegas, 2010, p.26
[2] En la última década del siglo pasado, como resultado del desmembramiento de la URSS y de Yugoeslavia se formó en Europa un gran número de estados–nación nuevos, más que en cualquier época anterior de su historia. Este separatismo no tiene ninguna comparación con el caso latinoamericano en la actualidad.

después de finalizar la Segunda Guerra Mundial. El fin del orden colonial desbrozó el camino de la independencia a pueblos cuyas culturas habían quedado sumergidas. La emancipación de sus antiguas metrópolis hizo que los liderazgos de algunos de esos estados nacionales emergentes pusieran la atención en formular políticas culturales dirigidas a reivindicar los valores preteridos de etnias y nacionalidades.

Con respeto a esta cuestión no resulta ocioso considerar que:

"El Estado no se da nunca naturalmente: siempre debe ser creado (…) el marco, las márgenes, importan poco. Es el corazón lo que vale y lo que hay que considerar antes que nada. (En otros términos, el problema de las fronteras) no hay que abordarlo nunca desde el exterior sino desde el interior" (FEBVRE, 1955, pp. 280-281).

Es atinado llamar la atención sobre dos elementos claves en la propuesta de este historiador francés: el estado nacional como una invención del hombre a partir de diversos referentes históricos e identitarios, y su abordaje desde el interior de los procesos antropogeográficos y socioculturales.

En lo relacionado con América Latina salta a la vista el proceso de transculturación ocurrido a partir de la conquista y la colonización, como laboratorio de un proceso único de encuentro de las culturas europeas, indígena y africana por primera vez en la historia de la humanidad. También, la constitución del criollo como identidad no solo racial, sino más bien espacial, sociocultural, costumbrista y del imaginario social; que se torna una clave importante en la génesis, evolución y formación del estado nacional en esta región.

A partir de las conmemoraciones por el bicentenario de la independencia de América Latina proliferaron valoraciones académicas desde diversas Ciencias Sociales y concepciones históricas filosóficas sobre esta problemática. Eso indica que es un tema no agotado y merece nuevas reflexiones. Distintos estudios y enfoques sobre diferentes expresiones del estado plurinacional y el multiculturalismo, han facilitado visiones novedosas sobre la génesis y formación del estado–nación, con predominio monoétnico y monolingüe, caracterizador de la época moderna de surgimiento y desarrollo de la sociedad capitalista (PARSON, pp, 93 - 144, 1987).

Una estimación de la relevancia histórica del proceso de la lucha por la independencia en Iberoamérica, debe partir de la consideración integral de sus objetivos. A menudo, al hacer una evaluación de los resultados que tuvo se enfatiza fundamentalmente en su carácter, objetivos y tareas; derivando su significado de esta tríada. Esto es válido desde el punto de vista de que la epopeya independentista se ubica en la época moderna, coincidente con el triunfo y consolidación de las naciones en los marcos de la sociedad capitalista occidental; esencialmente europea y norteamericana, tomadas como modelo para la exégesis .

Resulta inveterada la costumbre de seguir ese enfoque historiográfico, independientemente de que la emancipación de las colonias abrió la época, en América Latina, de la formación de los estados nacionales al mismo tiempo que irrumpía una limitada apertura hacia el capitalismo. Por otro lado, en occidente, la revolución política, industrial y educacional fue precedida por un largo periodo de irrupción y establecimiento de las relaciones capitalistas, que condujeron a la formación de los estados nacionales.

El transcurso de la lucha por la liberación colonial hispano-portuguesa en América, concebida como una revolución de liberación nacional, apuntaba a superar este esquema debido a la combinación de las múltiples tareas que se debían cumplir durante y después de este proceso. Sobresalía la necesidad de la solución de importantes aspectos de la nueva sociedad emergida de la lucha por la independencia, como la problemática del indígena, los sectores populares y los esclavos recién liberados.

Para la continuación del análisis que se está presentando, resulta necesario distinguir estado, nación y estado-nación, independientemente de que el objetivo de esta comunicación no permita abordarlos dilatadamente. El término estado remite a una entidad política y jurídica popularmente conocida como país; también supone una unidad político–territorial más o menos centralizada, dotada de autoridades constituidas y reconocidas, con organización administrativa burocrática permanente, ordenamiento jurídico específico, y aparatos represivos y de autodefensa.

El concepto de nación, en cambio, representa una entidad sociocultural cuyos límites en muchos casos no se corresponden con las fronteras estatales. La nación[3] se refiere a un colectivo humano estable e históricamente constituido, cuyas raíces son culturales antes que jurídico– políticas y su existencia se sustenta en antecedentes históricos, de religión, de tradiciones y costumbres (GAGNON, 2000, apud CONNOR, 2000, pp. 94-95).

La formación de los estados nacionales es una expresión de la consolidación de una identidad específica y la toma de conciencia de ella, hasta la formulación de un proyecto de autogobierno enmarcado en un proyecto político. El uso del concepto estado–nación terminó por absorber ambas denominaciones al considerar que una nación disponía de su propio estado. Hoy día los estados son oficialmente "naciones", y las agitaciones políticas básicamente tienden a ser contra extranjeros, a quienes los estados hostigan y pretenden excluir prácticamente (HOBSBAWM, 1998, p. 173).

---

[3] Según la concepción del Materialismo Histórico, la nación es una comunidad humana estable, históricamente formada, surgida sobre la base de la comunidad de cuatro rasgos principales, a saber: la comunidad de idioma, de territorio, de vida económica y de psicología, manifestada esta última en la práctica colectiva de peculiaridades específicas de la cultura nacional. Ver: Konstantinov, F. (1980). Fundamentos de la filosofia marxista leninista. Parte II. Materialismo histórico, editorial de Ciencias Sociasles, La Habana, pp. 136-139

La formación del estado nacional está conectada con los avatares del desarrollo de las nacionalidades y naciones. Constituye un momento de un proceso en el cual sus componentes interactúan dialécticamente en el transcurso del devenir histórico. La aparición de las naciones está precedida por el nacimiento –y acompañada por la maduración– de las nacionalidades y la conciencia nacional, una vez estabilizados los nexos económicos y territoriales a partir de cierto nivel de la división social del trabajo. Los rasgos distintivos de la nacionalidad determinan la identidad de la nación, que se expresa en las particularidades de la cultura nacional, o en su *peculiar fisonomía espiritual*, reflejo de las condiciones materiales de vida de un pueblo, su historia y tradiciones (DÍAZ DE ARCE, 1988, p. 4).

La otra arista de la cuestión nacional compete a las relaciones de dominación y de clase en los aspectos tanto internos como externos, que gravitan sobre la sociedad (opresión nacional y clasista), y comprende la lucha por la independencia y el establecimiento del estado nacional (DÍAZ DE ARCE, p.5, 1988); aunque su existencia no constituye un prerrequisito para la integración de la nación, sí representa un paso decisivo en ese sentido (LENIN, 1984)[4].

El camino latinoamericano de la formación del estado–nación

La experiencia latinoamericana demuestra que este proceso no siempre se produce en un orden lógico, sino por el contrario, la creación de un estado se puede erigir en el laboratorio de la formación de un estado–nación y, desde este, terminar de conformarse la nacionalidad, que puede asumir características multiétnicas y plurinacionales simultáneamente con su evolución en el tiempo.

En la compleja problemática de la formación del estado nacional en América Latina, actuó como un acelerador el proceso independentista librado por las colonias hispano–lusitanas, ubicado en plena época de auge de las naciones modernas en los marcos de la sociedad capitalista. En este fenómeno se advierte el influjo de factores internos y externos originados desde el siglo XVIII, en particular por las transformaciones de la sociedad colonial –muchas al calor de las reformas borbónicas–, en particular la nueva orientación económico–social influenciada por el desarrollo de la revolución industrial y las revoluciones norteamericana y francesa.

En lo concerniente al periodo posindependentista en Iberoamérica, la reforma liberal de mediados del siglo XIX no pudo sentar las bases para la consolidación del estado nacional, aunque aportó premisas para la modernización capitalista de la sociedad. La subordinación diplomática y financiera, típica de países semicoloniales y dependientes, hace que los

---

[4] En Notas críticas sobre la cuestión nacional y El derecho a la autodeterminación de las naciones.

atributos del estado nacional se presenten muy disminuidos (LENIN, 1976, pp. 452, 456-57).

Entre las complicaciones que apremiaban soluciones se encontraban los límites fronterizos de los estados recién surgidos. ¿Qué hacer? ¿Respetar las divisiones administrativas coloniales impuestas por España y Portugal; crear nuevas entidades de acuerdo con las transformaciones de la sociedad americana, acaecidas en la última etapa de la dominación colonial; o adoptarlos considerando el desarrollo de los procesos que la emancipación impuso a las fuerzas independentistas?

La solución del problema de las fronteras de los nuevos estados era una cuestión esencial, ya que servirían de ámbito para el proceso de culminación de la formación de las nuevas naciones; esos límites cumplirían una función mayúscula: permitir integrarse social y racialmente los estados nacionales durante la etapa poscolonial.

El proceso independentista en Iberoamérica por un lado aceleró la formación de los estados nacionales y por otro contribuyó a su diferenciación, no sólo entre los jóvenes estados, sino también con respecto a los que se dieron en otras regiones del mundo.

Desde las posiciones del republicanismo liberal se alzó la concepción bolivariana que superó muchos de los proyectos emancipadores hasta entonces conocidos, de los cuales se diferenció por el alcance de las tareas propuestas y las medidas adoptadas para la solución de la compleja situación de los emergentes estados–nación.

¿Cuáles fueron algunas de esas peculiaridades diferenciales?

- La unidad como vía para alcanzar la culminación del proceso independentista y consolidar los nuevos estados.

- La solidaridad continental como medio para lograr la derrota definitiva de las fuerzas colonialistas.

- La creación del estado integrador de la Gran Colombia, superador de las divisiones territoriales establecidas por la administración colonial y estímulo para el establecimiento de otras uniones integradoras en el resto de los estados participantes, como demostración de la posibilidad de creación de entes estatales no contentivos de las fronteras coloniales heredadas de la dominación colonial.

- La proyección de la liberación social del hombre, con la introducción de la legislación pertinente y de medidas democrático–revolucionarias.

- La creciente incorporación de las masas populares, sectores medios y pequeños propietarios al proceso independentista.

- La concepción de la educación como vehículo de consolidación de los nuevos estados.

Estas peculiaridades condicionaron no sólo la formación de las nuevas naciones en una parte importante de la región, sino también la consolidación de la nueva sociedad americana surgida de la emancipación. Sin embargo, los resultados obtenidos en la práctica social no justificaron la proclamación de un "nuevo orden"[5] –como se proponía el proyecto bolivariano–, que sucumbió ante sus enemigos internos y externos en pocos años.

Las fuerzas conservadoras paralizaron el desenvolvimiento de la revolución por la independencia y debilitaron sus tareas, pero de las excolonias emergieron los nuevos estados y las nacionalidades, aunque no fuera factible resolver la exigencia histórica de las transformaciones socio económicas y culturales imprescindibles para completar ese proceso.

El incumplimiento de este requisito histórico hizo más compleja la génesis y consolidación de las nuevas naciones; condicionadas también por la vigencia de muchos componentes de la estructura colonial, no sólo las referidas a las "divisiones político–administrativas" introducidas en América, en razón de las reformas del siglo XVIII, sino también procedentes de la organización económica colonial y del orden socioclasista asociada a ella.

En la sociedad colonial de esos momentos, las nuevas actividades económicas revalorizaron la producción, sustentadas en el eje agro exportador vinculado al mercado mundial. Con estos remanentes socio económicos se produjo el paso hacia la nueva sociedad.

Esta problemática no podía dejar de reflejarse en el proceso de formación de los estados nacionales en las antiguas colonias ibéricas. Su desarrollo llevó el sello no sólo de las luchas intestinas entre las diferentes facciones dominantes, sino también de las propuestas de planes –y sus intentos de concreción– expuestos por los pensadores ilustrados, liberales y conservadores, utopistas y socialistas; cuyas ideas reflejaban el complejo social latinoamericano de la primera mitad del siglo XIX. Sin embargo, los estados emergentes se abocaron a la construcción de sus respectivos estados nacionales sobre la base de las estructuras coloniales heredadas; de ahí que el predominio de las grandes capitales virreinales y de las capitanías generales transitara entre una y otra época histórica con visos de normalidad (VENEGAS, 2000, p.30).

El debate se concentraba alrededor de las libertades individuales y la estructura y formas del gobierno: era una lucha por alcanzar las metas que otros pueblos ya habían logrado. Legislar y educar para algunos es la solución, mientras que para otros es borrar completamente el pasado, sin reconocer los aportes positivos pretéritos.

Los sectores conservadores de la oligarquía y los intelectuales que la apoyaban estaban interesados en liquidar las reformas modernizadoras y, en particular, desplazar a los partidarios del ideal republicano avanzado del tipo

---

[5] Ese "nuevo orden" no estaba determinado solo por la proclamación de la forma republicana de gobierno, sino por la adopción de un profundo proceso de reformas socioeconómicas que completarían la liberación del hombre y la liquidación de las bases del sistema colonial

bolivariano[6] con la desintegración de la Gran Colombia en 1830, así como el fracaso de la Federación centroamericana y la Confederación peruano–boliviana entre 1836 y 1839.

Este diseño ilustrado, contemporáneo o posterior al bolivariano, partía de presupuestos diferentes; su atención se concentraba en elaborar una filosofía capaz de orientar el rumbo de los nuevos estados hacia la civilización, tomando como brújula la sociedad europea o la norteamericana. En esos estudios sociológicos e históricos se desconoce y reniega la herencia colonial, pretendiendo borrar el pasado y suplantarlo por una cultura importada (ZEA, 1988).

El proyecto ilustrado no concebía integrar al indígena y a las masas populares al proceso civilizatorio; se proponía consolidar el poder de la oligarquía criolla y los sectores intelectuales y profesionales asociados a él. Su propuesta no sólo era exógena, sino también excluyente. Se sustentaba en la idea de que las buenas instituciones por sí solas, junto a la educación, conducirían a la civilización o serían la clave para llegar a ella; el apoyo de este parecer estaba en los recursos naturales y la estimulación a la afluencia de capitales y a la inmigración, fundamentalmente europea. Otros elementos que caracterizan esas posiciones son las referencias a:

✓ La vinculación ventajosa de los recursos naturales de la región con los de Europa y Estados Unidos, como centros de la ciencia y el capital.

✓ Papel modelador del estado para lograr la civilización, mediante la atención a la educación y a la cultura, como impulsos para el desarrollo económico.

✓ Rechazo a la actuación y participación de los indígenas, negros y pobres, en el proceso democrático y económico.

✓ Libertad política racional y moderada, enmarcada en el despliegue de la dominación oligárquica.

La educación, en este modelo, constituía una pieza clave de la instrucción, una forma de ilustración *culturizadora*; por tanto, no se estimaba en su vertiente de formación para la incorporación social, ajustada a las circunstancias de las jóvenes repúblicas. La educación popular, como vía para el acceso al medio social, era rechazada en la concepción elitista de la

---

[6] Antes, en el antiguo territorio del Virreinato de Nueva España, en México, las fuerzas republicanas independentistas radicales habían sido neutralizadas por las fuerzas coloniales y los sectores conservadores. En Río de la Plata, entre 1810 y 1815 no se había proclamado la independencia; al fracaso del estado centralizado de 1820 a 1824, heredero del virreinato, siguió un periodo hasta 1852 caracterizado por la desvinculación entre las antiguas provincias virreinales, erigidas en semiestados o independientes como Paraguay. Situación que se correspondía con los intereses de la élite porteña y los sectores ilustrados, interesados en la suplantación de la dominación colonial virreinal por la de la provincia de Buenos Aires.

oligarquía y de los civilizadores; de manera análoga a lo que sucedía con el componente indígena y la herencia ibérica de la cultura.

Un balance de la trascendencia del proceso independentista en la órbita del Bicentenario, no puede soslayar el impacto creador de la lucha por la liberación de las excolonias en la formación de los estados nacionales en América Latina; a lo que se anexa la posibilidad de integración social y económica de las repúblicas que se incorporaron al concierto mundial. Esto no es óbice para tender un velo a las limitaciones con que se ha producido este proceso en la región; en particular con la implantación, durante la etapa posterior a la independencia, de medidas democrático–revolucionarias para la transformación de la sociedad. Los obstáculos –políticos, económicos, regionales, externos– y la lentitud de este fenómeno han trasladado hasta nuestros días el cumplimiento de algunas de esas tareas.

Justipreciando la lucha por la independencia se acrecienta en todas sus dimensiones la huella de la práctica bolivariana integradora y democrático–revolucionaria, nacida de este proceso. Las concepciones bolivarianas de unidad y aglutinación fueron asidero, en diferentes ocasiones, fundamentalmente ante diversas amenazas externas acaecidas a lo largo de la vida independiente de los estados latinoamericanos durante los siglos XIX y XX. De esa manera sobresalía lo trascendente de las instituciones y del proyecto cohesionador bolivariano, como base para la defensa de la soberanía e independencia de los estados de la región, cuestión que tiene renovada actualidad.

El pensamiento bolivariano sobre la unidad e integración, acompañadas de las propuestas de profundas transformaciones económico–sociales, se han asumido por importantes políticos e intelectuales de la región. En sus reflexiones, esas personalidades alertan sobre la necesaria vigilancia epistémica que hay que ejercer ante diversos intentos de tergiversar la autenticidad del ideario bolivariano, o atribuirle la paternidad de otros proyectos e ideas no vinculados a su concepción latinoamericanista.

Examinada en su perspectiva histórica, la región ha demandado la necesidad de llevar hasta el final las tareas pendientes derivadas del proceso de la lucha por la independencia; y de esa forma retomar –de acuerdo con la transición democrática–, las propuestas bolivarianas de unidad e integración, como continuidad histórica de la época abierta en América Latina por la lucha independentista.

Las historias nacionales convalidaron las propuestas de naciones que fueron estados surgidos al calor de algunas de las antiguas divisiones político–administrativas coloniales. La nación se proclamó, sobre todo, en el ámbito de la prensa, las constituciones, la instrucción y la literatura en general; pero en el contexto mundial y regional de la conversión de la historia en disciplina científica, debía de terminar por construirse. Los límites estatales[7] hicieron caso omiso de realidades preexistentes, en particular de los pueblos y naciones indígenas; de esa forma la colonia supervivía en la fisonomía republicana de la era poscolonial.

Perspectivas actuales

Desde la segunda mitad del siglo XIX y durante el XX se consolidó la matriz dependiente del estado iberoamericano. Desde el punto de vista regional eso se tradujo en una débil formación nacional, en particular debido a la escasa integración social e inclusive nacional de los estados. Primero apareció la reforma liberal; después llegaron las transformaciones democrático-burguesas a partir de la crisis de 1929-33 y el proceso revolucionario-nacionalista posterior a la Segunda Guerra Mundial. Tanto una como las otras tuvieron un efecto parcial en la consolidación de los estados nacionales.

La transición democrática que vive la región desde la segunda mitad del siglo XX, ha estado carente de la suficiente fuerza transformadora socioeconómica y, además, se debilitó por la influencia de obstáculos internos y externos. Esa transición ha estado signada por su parcialidad, pero ha estimulado la posibilidad de acometer la solución de los problemas pendientes respecto a la integración nacional y continental, que ha sido una tarea aplazada desde la independencia. Así se han impuesto nuevos retos a las ciencias sociales y humanísticas en la aprehensión de este fenómeno.

La experiencia iberoamericana demuestra que la formación del estado nacional está conectada con complejos problemas del desarrollo de las nacionalidades y naciones, cuyos componentes interactúan dialécticamente en el transcurso de su devenir histórico. En ello trasciende el fenómeno sociocultural, por su incidencia en la formación del estado nacional y por la necesidad de su paso hacia una nueva cualidad integradora pluricultural y multinacional, en la que la diversidad cultural y lingüística se constituya en eslabón fundamental de la existencia de la nueva sociedad.

En la concreción de la nueva sociedad, las fronteras no tendrán el peso actual, como delimitadoras de las naciones. No serán delineadas desde el exterior sino desde el interior, a partir de diversos referentes históricos e identitarios y de los procesos antropogeográficos y socioculturales; en estos últimos la cultura y la lengua tienen un peso considerable por su horizontalidad, en contraposición con la verticalidad que ha predominado

---

[7] Observando el mapa de la América Latina actual, se aprecia que algunas de las fronteras establecidas son herencias de las divisiones impuestas por las potencias coloniales iberoamericanas durante la época colonial, reconocidas luego de la independencia como límites de los nuevos estados, funcióno así el iutis posedditis iuri. Mientras otras provienen de conflictos internos, guerras o acuerdos de las oligarquías dominantes en las que los pueblos quedaron marginados de esas negociaciones.

desde la independencia de las naciones iberoamericanas en la conformación del estado–nación.

Muchos de los defensores de la globalización neoliberal proclamaron la muerte natural del estado–nación, o más bien su fin; muy pronto estuvieron claros sus costes y la poca rentabilidad para el capital globalizador, e inmediatamente se transformó la visión sobre la cuestión.

En la actualidad hay dos propuestas generales sobre la transformación del estado–nación: una responde a los intereses del capital financiero globalizado; la otra a los pueblos y estados–nación emergentes desde la segunda mitad del siglo pasado y primeras décadas del   presente, tanto del primer como del tercer mundo. En conclusión, no se vislumbra que esta problemática acabe en el presente siglo.

Referências bibliográficas

ALONSO, P. (comp.). *Construcciones impresas, panfletos, diarios y revistas en la formación de los estados nacionales en América Latina, 1820-1920*, Fondo de Cultura Económica, Argentina, 2004.

BOLÍVAR, E. y WALLERSTEIN, I. *Raza, nación y clase*, IEPALA, Madrid, 1991.

BOURDIEU, P. *O poder simbólico*, Bertrand Brasil, Rio de Janeiro, 2007.

CONNOR, W. "Etnonationalism: The quest for understanding", en *Canadá. Un estado posmoderno.* Teresa Gutiérrez (coordinadora). México, 2000.

DIAZ DE ARCE, O. *El proceso de formación de los estados nacionales en América Latina.* MES, La Habana, 1988.

FEBVRE, L. "Introducción geográfica a la Historia", en *La evolución de la humanidad.* Síntesis colectiva dirigida por Henri Berr, UTEHA, México, 1955.

HOBSBAWM, E. *Naciones y nacionalismo desde 1780*, Crítica (Grijalbo Mondadori S. A.), Barcelona, 1998.

LENIN, V. I. *Obras Completas*, Tomo 24, Editorial Progreso, Moscú, 1984.

LENIN, V. I. "El imperialismo fase superior del capitalismo". Tomo V, en *Obras en doce tomos*, Editorial Progreso, Moscú, 1976.

PALTI, E. J. *La nación como problema.* Los historiadores y la cuestión nacional, FCE, Argentina, 2006.

PARSONS, T. *El sistema de las sociedades modernas*, Trillas, México, 1987.

SCOTT, M. *Teoría de la frontera, los límites de la política cultural*, Gedisa, España, 2003.

SOTELO I. *El Estado Social; antecedentes, origen, desarrollo y declive*, Editorial Trotta, fundación Alfonso Martín Escudero, Madrid, 2010.

VEGA Suñol, J. *Región e identidad*, Ediciones Holguín, 2002.

6. LA DISCURSIVIDAD EN LA ENSEÑANZA DE LENGUAS ADICIONALES

IVÁN ALEJANDRO ULLOA BUSTINZA

Introducción

A lo largo de las últimas décadas, gran parte de la literatura generada sobre la enseñanza de lenguas adicionales (en adelante LA) se ha centrado en la búsqueda de una mayor variedad de aproximaciones a la lengua meta de acuerdo a las necesidades particulares de cada contexto de enseñanza (LOBATO y GARGALLO 2008). En este sentido, métodos de tipo estructural, como el Gramática-traducción o el Audiolingual, han ido abriendo paso a abordajes comunicativos y funcionales, aunque, en muchos casos, las diferencias entre ellos se solapan en abordajes conjuntos.

En estas líneas proponemos varias estrategias para trabajar la discursividad en la enseñanza de LA, sin que ello signifique una desvalorización de un tipo de enseñanza más centrado en los elementos gramaticales, funcionales o comunicativos, pues consideramos que la lengua es un sistema orgánico y multifuncional en el cual las diferentes dimensiones se entrelazan de forma indivisible.

Cada contexto de enseñanza-aprendizaje requiere un tipo diferente de planificación y abordaje de acuerdo a diversas variantes, que tienen que ver con la edad y el grado de escolarización de los alumnos, su nivel en el uso de la lengua, el tipo de centro escolar, el grado de proximidad tipológica entre lengua materna y lengua meta, etc. El análisis de las necesidades específicas de un grupo de alumnos en unas condiciones dadas y dentro de una comunidad escolar determinada debe orientar la planificación didáctica y, por consiguiente, el tipo de abordaje (RICHARDS 2001).

Las propuestas de actuación que iremos desgranando están pensadas para contextos de enseñanza con un cierto grado de bilingüismo aditivo, con alumnos adultos y, especialmente, para niveles de educación superior, aunque creemos que pueden ser de interés para todo tipo de situaciones. Un nivel alto de proximidad entre lengua materna y lengua meta –como ocurre, por ejemplo, con el par español-portugués– facilita el trabajo con estas propuestas porque, sin poseer un gran dominio de la lengua, los alumnos pueden entender bastante bien el significado de textos más complejos.

Dimensiones de la discursividad en las clases de LA
El discurso y el texto

Trazaremos a continuación las líneas maestras de nuestra propuesta de descentralización de la enseñanza-aprendizaje de LA en busca de una experiencia docente guiada por la discursividad. Cuando hablamos de discursividad nos referimos a un nivel del sistema lingüístico que entiende la lengua en cuanto uso, más que que en cuanto estructura gramatical o sintáctica. El discurso es la lengua viva, en acción:

> Una de las consecuencias más notables de la influencia en la enseñanza de lenguas de disciplinas (lingüísticas) como el análisis del discurso, entre otras, ha sido la adopción del texto, frente a la oración, como unidad natural de realización de los usos lingüísticos. Los textos –orales, escritos o iconoverbales– se han convertido en núcleos de atención para la enseñanza y el aprendizaje de lenguas extranjeras, superando así el marco oracional, difundido primero por el estructuralismo y luego por el generativismo. El progresivo interés de los lingüistas por las características del discurso, su uso contextualizado y su significación social ha influido de forma determinante en el desarrollo del concepto de *competencia discursiva*, entendido éste como la capacidad del alumno de interaccionar lingüísticamente en un acto de comunicación, captando o produciendo textos con sentido, adecuados a la situación y al tema y que se perciban como un todo coherente (BELMONTE 2008: 553).

Algunas de las ramas de la lingüística a las que se refiere Belmonte son la Lingüística textual y diversas corrientes del Análisis del Discurso, así como la Literacidad crítica, las cuales ponen el acento en la discursividad y generalmente proponen el texto como la unidad mínima del discurso: su materialización específica y puntual.

La Lingüística Textual parte del concepto bajtiniano de los géneros del discurso para establecer una tipología de secuencias lingüísticas que se entrelazan en una relación jerárquica en el nivel del texto, que constituiría, de este modo, la unidad mínima del discurso. El Análisis Crítico del Discurso, por su parte, ve el discurso como impregnado de ideología y como el instrumento de una dominación de clase. La Literacidad Crítica sostiene que la educación debe enseñar a "leer el mundo", ya que a través del uso de la lengua las personas se desenvuelven en sociedad. Todas estas líneas de pensamiento coinciden al considerar la lengua desde un punto de vista dinámico e integrado, donde, como dice la Pragmática (ESCANDELL 2006), la corrección no depende del uso de estructuras aceptables desde un punto de vista gramatical, sino del éxito del acto de habla y de la consecución de unos objetivos comunicativos, aunque para ello sea necesario construir segmentos de lengua aparentemente agramaticales.

Dimensiones de la discursividad en la enseñanza-aprendizaje de LA

A continuación, detallaremos diferentes elementos que poseen importancia para definir nuestra propuesta:

1. La enseñanza de LA con fines específicos, especialmente académicos
2. La Literacidad Crítica. Leer el mundo
3. La interculturalidad. El caso de la integración latinoamericana
4. El periodismo en la enseñanza-aprendizaje de LA. El artículo de opinión.
5. La literatura en la enseñanza de LA. Leer la cultura
6. La tertulia literaria dialógica y el taller de escritura creativa

La enseñanza de LA con fines específicos, especialmente académicos

La enseñanza de LA con fines académicos es característica de centros bilingües, de todas las edades, donde, cada vez más, se utiliza la lengua meta para formar a los alumnos en diferentes disciplinas. La lengua meta, en estas ocasiones, es el vehículo de un número determinado de materias. En el caso de la enseñanza superior, la enseñanza de LA con fines académicos resulta de gran importancia en los programas de movilidad estudiantil, donde los alumnos deberán integrarse en un sistema académico extranjero

> Los resultados del proyecto ADIEU (Discurso Académico en la Unión Europea) han abierto un campo de investigación (…) que hace transparentes algunas de las características de los textos académicos escritos e identifica un número de elementos indispensables para analizar clases magistrales, todo ello con la finalidad de desarrollar materiales de enseñanza destinados a la preparación lingüística e intercultural de estudiantes de intercambio. Paralelamente, resulta imprescindible mencionar los estudios llevados a cabo en universidades argentinas a partir de 1995, fecha en que comienzan a publicarse artículos relacionados con las clases textuales y su impacto receptivo y comunicativo en la socialización universitaria local (VÁZQUEZ 2008: 1130).

Existen otros contextos universitarios, además de la movilidad académica de estudiantes, que sugieren la necesidad de trabajar con la enseñanza de LA con fines académicos. Por ejemplo, en la UNILA (Universidad de la Integración Latinoamericana), estudiantes de varios países latinoamericanos hispano-hablantes se integran en la única universidad bilingüe del sistema de enseñanza superior brasileño. Los alumnos, procedentes de las más variadas regiones de América Latina, presentan a su llegada niveles muy dispares, pues el sistema escolar de cada país varía mucho. El contexto se complica cuando pensamos que muchos de estos alumnos han recibido el español como segunda lengua, pues su lengua materna es una lengua originaria, generalmente quechua, aimará o guaraní. Por otra parte, los alumnos brasileños, pese a estudiar en una universidad de su país, reciben algunas de las clases en español, y presentan también ciertas deficiencias tanto en lengua materna como en lengua meta a la hora de comprender y redactar textos académicos. En ambos casos, es muy importante introducir la enseñanza con fines académicos para que los alumnos puedan desenvolverse adecuadamente en el sistema académico.

Esto implica, como veíamos anteriormente, que la enseñanza de LA se centre en la discursividad y en las características de las clases textuales de tipo académico, como resúmenes, reseñas, artículos académicos, monografías, trabajos de conclusión de curso, etc. Implica también conocer las características formales del sistema académico brasileño y latinoamericano en general. El trabajo con el discurso típico del sistema académico facilitará la progresión normal de los alumnos y, por lo tanto, deberá ser uno de los objetivos de las clases de LA:

> ¿Qué significa Español con Fines Académicos? (EFA). Se trata de una disciplina que investiga las características de los géneros académicos –en un amplio sentido de la palabra– con el objetivo de facilitar a personas no nativas de una lengua la adquisición de destrezas que les permita cumplir con éxito tareas propias de los ámbitos universitarios, entre otras producir textos y comprender clases magistrales. (VÁZQUEZ 2008: 1130).

La literacidad crítica. Leer el mundo

De manera similar, la Literacidad Crítica sugiere, tanto en lengua materna como en LA, la necesidad de que los alumnos aprendan a usar todo el potencial de la lengua en sociedad. La lengua se utiliza para hacer cosas, y en la ciudad letrada es indispensable poseer un dominio eficiente del mayor número posible de registros y modalidades textuales, desde rellenar formularios hasta redactar proyectos de investigación. Como complemento de la Literacidad Crítica, el Análisis Crítico del Discurso (ACD) desvela, con sus análisis detallados, las relaciones entre lenguaje y sociedad o, en palabras de Teum Van Dijk, entre lenguaje y poder (Van Dijk 2008).

Tener en mente los postulados de la Literacidad Crítica y del ACD en el diseño de los programas de LA significa otorgarle un valor esencial al desarrollo de una conciencia crítica que le permita al alumno alcanzar su autonomía, para llegar a un empoderamiento como individuo, de manera que pueda valerse por sí mismo a la hora de usar el lenguaje en sociedad, descifrando las aserciones ocultas que subyacen detrás de cada discurso. Implica también, por otra parte, concebir la enseñanza de LA como una actividad en la cual los alumnos deben usar la lengua para hacer cosas, lo que nos lleva a una metodología en la cual el Enfoque por Tareas puede tener un papel preponderante:

> El concepto literacidad (*literacy* en inglés) incluye un amplio abanico de conocimientos, prácticas sociales, valores y actitudes relacionados

con el uso social de los textos escritos de cada comunidad. En concreto, la literacidad incluye el dominio y el uso del código alfabético, la construcción receptiva y productiva de textos, el conocimiento y el uso de las funciones y los propósitos de los diferentes géneros discursivos de cada ámbito social, los roles que adoptan el lector y el autor, los valores asociados con estos roles (identidad, estatus, posición social), el conocimiento que se construye en estos textos y que circula en la comunidad, la representación del mundo que transmiten, etc.

Así, la literacidad incluye tanto las investigaciones sobre ortografía o correspondencia sonido-grafía, como el análisis de géneros discursivos escritos, la investigación antropológica sobre el uso de la escritura en una comunidad, el estudio longitudinal o histórico del devenir de una práctica escrita en un ámbito social, las teorías cognitivas sobre los procesos mentales implicados en la lectura y la escritura o las reflexiones más políticas sobre los efectos sociales de la literacidad y el uso que determinados grupos hacen de la herramienta de la escritura para mantener el poder. (CASSANY y CASTELLÁ 2010: 2-3)

Esta definición de literacidad nos lleva a plantearnos una nueva dimensión de la enseñanza de LA, especialmente en contextos biligües y, en concreto, en el marco de la integración latinoamericana: el valor de la interculturalidad en las clases de LA.

La interculturalidad. El caso de la integración latinoamericana

Tanto en los programas de LA para inmigrantes, ya sea en niveles escolares o para adultos, como en centros bilingües de educación superior, la enseñanza de LA no debe quedar reducida a los saberes gramaticales y funcionales que hagan posible la inserción del individuo en el mercado de trabajo. Creemos que para la total inserción del extranjero en una nueva comunidad es necesario que éste reflexione sobre la nueva cultura y la contraste con la suya propia, ya que esto facilitará su integración y evitará en gran medida su segregación y aislamiento. Frente a una concepción meramente utilitaria de la educación, reivindicamos una comprensión profunda de la lengua y la cultura en la que se va a integrar el sujeto.

La cultura se incorpora generalmente en los programas de lenguas extranjeras con objetivos socio-culturales como conocimientos generales sobre los países, gastronomía, acontecimientos y figuras históricas, etc. Con la interculturalidad crítica, la cultura deja de contemplarse como un mosaico estático y empiezan a analizarse los elementos culturales de manera dinámica y orgánica. Salen a la luz las tensiones y las relaciones de poder, y se apela al cotidiano de los alumnos trayendo a la luz temas que convocan su interés. Se le provoca para que agudice su conciencia crítica y se le pide que se sitúe ideológicamente como parte activa de una comunidad.

Junto a los conceptos de pedagogía, multiculturalismo o de interculturalidad, existe una corriente de pensamiento especialmente activa en América Latina (CANDAU 2013; OLIVEIRA y MIRANDA 2004; McLAREN 2000; WALSH 2013) que le coloca a estos nombres el adjetivo "crítico, -a" (multiculturalismo crítico, interculturalidad crítica):

> O multiculturalismo crítico, ao discutir a diferença, não a separa da discussão da desigualdade social. Por não cindir diferença cultural e relação de poder, politiza a primeira; não a concebe, portanto, como uma essência de identidades ou apenas um efeito da linguagem, mas a situa nos conflitos sociais e historicos, na produção desses conflitos sociais, como construção histórica e cultural (...).
>
> O multiculturalismo crítico procura ir além do ceticismo epistémico, assumindo uma perspectiva contra-hegemônica. Por esse prisma, toma como referência a liberdade e a emancipação e, com isso, defende que a justiça, a equidade e a democracia precisam ser continuamente criadas e conquistadas. Acima de tudo, assume o pressuposto básico de que não só é conveniente como possível uma perspectiva multicultural nos curriculos das escolas. (OLIVEIRA y MIRANDA 2004: 70).

En las últimas décadas, el marco de la competencia comunicativa ha sido enriquecido con el concepto de competencia intercultural (BYRAM; GRIBKOVA y STARKEY 2002). El enfoque denominado *Content and Language Integrated Learning*, que podríamos traducir por "Aprendizaje Integrado de Lengua y Contenido", propone que el aprendizaje de la lengua y de los contenidos se basen en el proceso más que en los resultados, por ello menciona una serie de estrategias de aprendizaje denominadas "saberes":

> Este modelo pone el acento en las habilidades *(Skills)* que el alumno debe interiorizar, porque estas serán la clave que le permita conseguir una mayor autonomía en el aprendizaje. Divide esas habilidades en dos aspectos complementarios: el primero, *savoir comprendre*, tiene que ver con la capacidad de los alumnos para interpretar y comparar contenidos, puntos de vista, saberes y conocimientos de diferentes grupos culturales, tanto sobre uno mismo, es decir, su propio grupo cultural, como sobre los otros; el segundo, *savoir apprendre / fair*, tiene que ver con la capacidad de los alumnos para adquirir nuevos conocimientos y para aplicarlos en situaciones reales de comunicación. La educación, desde este punto de vista, supone la capacidad del alumno para "evaluar de forma crítica" conocimientos *(Knowledge)* sobre su propia cultura y sobre las otras. Y este

aprendizaje, para ser efectivo, debe estar guiado por una actitud *(Attitudes)* de curiosidad y tolerancia por parte del alumno. (BUSTINZA 2015: 79)

En este sentido, creemos que el profesor de LA, en tanto mediador intercultural, no tiene necesariamente que transmitir su punto de vista sobre la sociedad de una forma unilateral, sino que debe ofrecer temas de interés para que los alumnos, en debates y otras actividades cooperativas, discutan, practiquen y ejerzan en LA su condición de ciudadanos.

En el caso de la integración latinoamericana es necesario hacer hincapié en la variación socio-lingüística. Por ejemplo, la variación del español de América (EZQUERRA 1996) crea la disyuntiva de qué español enseñar, especialmente cuando el profesor generalmente domina una sola variedad. La selección de textos debe ser cuidadosa y, sobre todo, variada, para que el alumno tenga al menos una idea de la diversidad de la LA. Otro elemento importante, relacionado con la interculturalidad y con la variación socio-lingüística, es la influencia de las lenguas originarias, que en el caso del español determina características morfológicas, sintácticas, fonéticas y léxicas (PALACIOS 2008).

El periodismo en la enseñanza-aprendizaje de LA. El artículo de opinión.

Teniendo en cuenta todo lo visto hasta ahora, creemos que el periodismo ofrece grandes posibilidades para que los alumnos tengan la oportunidad de aprender una LA desde un punto de vista discursivo. Esto implica el desarrollo de estrategias de comprensión y producción de textos escritos y orales; la formación de una conciencia crítica y una capacidad para leer el mundo; y la constitución de una competencia intercultural (siempre que la selección de textos traigan a la clase temas de interés socio-cultural).

Los artículos de opinión se caracterizan por intentar persuadir al lector, convenciéndolo de una determinada tesis. Para ello, el artículo de opinión despliega una serie de estrategias discursivas que van desde la dosificación de la información hasta el uso de determinados marcadores discursivos y el manejo de la opinión propia y ajena. El trabajo de interpretación de artículos de opinión entrena al alumno para identificar la organización y las estructuras prototípicas de los textos argumentativos (ADAM 1992) , tanto en su lengua materna como en LA.

El trabajo con artículos de opinión en las clases de LA ofrece diversas posibilidades. Se puede dejar que cada alumno seleccione un determinado artículo y lo presente a la clase, ofreciendo una opinión favorable o contraria a las opiniones vertidas en el mismo. Otra posibilidad es ofrecer a los alumnos diferentes artículos de opinión sobre un tema determinado. Este tema puede ser elegido por los alumnos para que su interés sea mayor. Cada alumno lee el artículo de opinión y realiza una crítica del mismo, diciendo si está de acuerdo con las opiniones del autor o no y, después, se realiza un debate entre toda la clase en el cual el profesor actúa como mediador, sin ofrecer su opinión personal a menos que le sea requerido por los alumnos.

El alumno, a lo largo de su carrera universitaria, deberá producir una gran cantidad de textos argumentativos (exámenes, redacciones, presentaciones orales, trabajos de conclusión de curso, tesis, etc.), por ello es conveniente que se familiarice con los modos de organización prototípicos de este tipo de textos.

Para conseguir un mayor rendimiento de los alumnos, el profesor debe realizar una cuidada selección de los textos periodísticos, buscando aquellos que se acomoden al nivel socio-lingüístico de los alumnos, aumentando progresivamente el *input* a medida que estos se familiarizan con la lectura de textos periodísticos.

Adam describe una tipología textual formada por secuencias que se integran en un determinado texto, en el cual una de ellas es la dominante. El modelo de Adam nos interesa porque, al hablar de secuencias discursivas, describe una serie de características lingüísticas propias de cada secuencia. Por ejemplo, una secuencia descriptiva generalmente posee verbos atributivos ("ser", "estar", "parecer"…) y verbos de posesión ("poseer", "tener"); los tiempos verbales usados en este tipo de secuencias suelen ser el presente de indicativo y el pretérito imperfecto de indicativo, y ofrecen una gran variedad de adjetivos. Este análisis por secuencias discursivas nos permite, entonces, establecer conexiones entre elementos gramaticales y discursivos, facilitando que, en el currículum, se integren ambas dimensiones en lugar de tratarlas por separado. Las secuencias discursivas citadas por Adam son: las secuencias expositivas, descriptivas, narrativas, argumentativas y los diálogos (ADAM 1992).

La literatura en la enseñanza de LA. Leer la cultura

El uso de la literatura en las clases de LA resulta fundamental a la hora de integrar las diferentes dimensiones de la enseñanza de LA que venimos describiendo. El texto literario posee unas características que lo convierten en un material de primer orden para las clases de LA:

a) Es material auténtico: aunque son ficcionales, escritos con una finalidad emotiva y expresiva, los textos literarios son escritos para nativos, por tanto son muestras del comportamiento lingüístico y cultural de la colectividad que habla la lengua. En efecto, los enfoques actuales en la enseñanza / aprendizaje de segundas lenguas, sobre todo el enfoque comunicativo, insisten en la necesidad de enseñar el idioma en contextos reales. (…)

b) *Es input comprensible* para la adquisición de estructuras de la lengua meta: El texto literario propone modelos explícitos e implícitos y muestras de la normativa de la lengua que el alumno está aprendiendo: estructurales, funcionales y pragmáticos. (…)

c) El texto literario nos parece un magnífico soporte para la práctica de las cuatro destrezas, pues a partir de él se puede ejercitar la lectura, la escritura, la comprensión oral y la expresión oral. (...)

d) Es muestra de la cultura de la lengua meta (…) con todo tipo de componentes referenciales sociales, políticos, ideológicos y culturales: modos de vida, comportamientos, formas de pensar, usos, costumbres, sentimientos, etc. (JOUINI 2008: 152-154).

En primer lugar, desde un punto de vista intercultural, la literatura, con una selección adecuada, nos permite aproximarnos a la cultura meta, tanto a través del reflejo de las tensiones sociales existentes en la sociedad como por la presencia de rasgos lingüísticos característicos de la variedad del idioma utilizada, ya que, por ejemplo, en el caso del español, la nacionalidad del autor dejará marcas dialectales en el texto. En este sentido, la literatura posee un claro valor documental porque casi siempre refleja el paisaje geográfico y humano en el que se ha gestado. En este sentido, una de las tareas que pueden proponerse a los alumnos es que realicen una investigación en grupo del contexto histórico-social en el que ha sido escrito, de la biografía del autor o incluso de los movimientos artístico-literarios contemporáneos al autor.

En segundo lugar, la literatura, especialmente la narrativa y dentro de esta el género de la novela, tiene la capacidad de integrar dentro de sí los diferentes tipos de secuencias lingüísticas que hemos citado a propósito de la lingüística textual: las secuencias narrativas, descriptivas, expositivas, dialogales y argumentativas.

Cuando se trabaja con literatura en las clases de LA, el alumno tiene acceso a muestras reales de la lengua en uso, materiales auténticos que favorecen el estudio de la LA. Por otro lado, la lectura de obras literarias favorece el desarrollo de estrategias de comprensión lectora, y puede ser utilizada para que los alumnos produzcan resúmenes y reseñas destacando las partes más importantes de un determinado texto.

Todos los niveles de la lengua pueden ser practicados a partir de textos literarios con una adecuada explotación didáctica de los fragmentos seleccionados, desde actividades puramente gramaticales (estructurales) hasta ejercicios que hagan reflexionar a los alumnos sobre cuestiones interculturales, pasando por practicas de comprensión y producción oral y escrita. Una vez más, resulta fundamental que el profesor o el diseñador de materiales didácticos lleve a cabo una adecuada selección de los textos, así como una exhaustiva explotación didáctica de los mismos.

Resta decir que muchas de las cosas que acabamos de escribir sobre el uso de textos literarios en las clases de LA pueden aplicarse al uso de textos audiovisuales y cinematográficos que, en este caso, ofrecen otras posibilidades, sobre todo en lo referente a la comprensión oral y a la puesta en escena de los elementos suprasegmentales (entonación, tono y acento), además de toda la gestualidad típica de una determinada comunidad.

La tertulia literaria dialógica y el taller de escritura creativa

En relación con el uso de la literatura en las clases de LA, y teniendo en cuenta todas las aproximaciones que esta práctica favorece, tanto en relación a la interculturalidad como al ejercicio de la discursividad en LA, proponemos dos actividades que, sin lugar a duda, le darán dinamismo a las clases de LA. Se trata de la tertulia literaria dialógica y del taller de escritura creativa.

Ambas actividades fomentan el aprendizaje dialógico, cooperativo y solidario. Este tipo de aprendizaje contribuye a desarrollar la dimensión afectiva en las clases de LA (ARNOLD 2000). Según el *Diccionario de términos clave de ELE,* el aprendizaje en cooperación favorece

> la interdependencia positiva entre los alumnos, la interacción grupal cara a cara, la asunción de responsabilidades individuales y grupales, la ejercitación de destrezas sociales y la reflexión sobre estos mismos procesos. […] Los principales efectos observados son los siguientes: el aprendizaje en cooperación disminuye la ansiedad del aprendiente, aumenta su motivación, mejora su autoimagen y desarrolla en él actitudes positivas hacia el aprendizaje de la lengua. […] Estimula la interacción y la negociación del significado entre los alumnos, que pueden generar un *input* y un *output* más comprensibles y aumentar así las oportunidades de usar la lengua meta, con una mayor variedad de funciones lingüísticas; también permite respetar sus diferentes estilos de aprendizaje; finalmente, promueve el desarrollo de la competencia intercultural. (CVC 2018)

En este sentido, el profesor deberá analizar si los alumnos están acostumbrados a trabajar en grupo y, en caso contrario, deberá seleccionar adecuadamente la metodología de las actividades propuestas, preparando a los alumnos para este tipo de dinámicas de trabajo.

Tanto la tertulia literaria dialógica como el taller de escritura creativa se basan en un tipo de interacción cooperativa donde, una vez más, el profesor tiene la función de mediador.

Permítaseme realizar un pequeño relato de experiencia en este momento: En los últimos años hemos llevado a cabo ambas actividades como proyectos de extensión en la UNILA, con excelentes resultados. La tertulia literaria se ha convertido en un espacio de encuentro entre la comunidad universitaria y la comunidad externa, en un ambiente bilingüe e intercultural, lo que ha provocado que en los diferentes encuentros hubiese participantes de diferentes países y con diferentes lenguas.

Los textos literarios propuestos han actuado como punto de convergencia de experiencias e identidades. Hablantes de español y de portugués se han asomado a los textos (que en ocasiones eran en portugués y, en otros casos, en español) y han debatido durante largas sesiones sobre los contenidos de las obras, sus implicaciones, y el contexto en el que éstas habían sido escritas. De esta manera, además de aproximarse a la cultura de diferentes regiones latinoamericanas, unos y otros han tenido la oportunidad de participar en interacciones en la lengua meta en un ambiente distendido y solidario. La diversidad de acentos y variedades lingüísticas, lejos de resultar un impedimento para la comunicación, ha favorecido el intercambio intercultural y ha aproximado, especialmente a los alumnos brasileños, a la realidad de diversos países y regiones latinoamericanas.

De manera que las condiciones mismas de la tertulia literaria dialógica, que se celebra en un café de la frontera trinacional (Brasil–Argentina–Paraguay), con afluencia de personas paraguayas, brasileñas, argentinas, colombianas, peruanas, chilenas, etc., transformaron la tertulia en un aula de idiomas donde los participantes adquieren, de forma espontánea y natural, el español y el portugués como lenguas adicionales, en un ambiente solidario de bilingüismo aditivo.

El taller de escritura creativa y la tertulia literaria dialógica se complementan de manera natural. Ambas acciones parten de un principio de interacción cooperativa y se centran en la comprensión y producción de textos escritos y orales de tipo literario. En el taller de escritura creativa, los alumnos realizan actividades propuestas por el coordinador del proyecto, o por los propios participantes, en la lengua que deseen, y reciben críticas – positivas o negativas, pero siempre desde un punto de vista constructivo– sobre lo que han escrito. Los participantes del taller, ofrecido también como proyecto de extensión en la UNILA, tienen diferentes nacionalidades (México, Brasil, Paraguay, Uruguay, Colombia) y, además de reflejar sus rasgos culturales e identitarios en los textos que producen, tienen la posibilidad de entender la identidad de los otros, con lo que el taller ofrece grandes posibilidades interculturales.

Las condiciones especiales de la UNILA, que constituye uno de los motores de la integración latinoamericana, hacen que no sea fácil exportar estos modelos de participación a otros contextos de enseñanza, sin embargo, las tertulias literarias dialógicas y los talleres de escritura creativa pueden introducirse en las clases de LA con el objetivo de que los alumnos realicen prácticas discursivas reales, y están especialmente indicados para la enseñanza de LA para emigrantes.

Consideraciones finales

En estas páginas hemos querido mostrar algunas posibilidades de descentralización de las clases de LA, introduciendo la discursividad como elemento dinamizador. A través de la discursividad, los alumnos se ejercitarán en el uso real de la lengua, tanto en la comprensión como en la producción de textos orales y escritos y, además, tendrán la posibilidad de explorar otros referentes culturales y de contrastarlos con los referentes de su propia cultura.

Proponemos el texto como unidad básica de la enseñanza y aprendizaje de LA, porque, como materialización concreta del discurso, es el nexo entre la discursividad en abstracto y los elementos gramaticales que la conforman. Desde el texto, los alumnos pueden explorar tanto los niveles micro como los niveles macro de la lengua, entendiendo que, a veces, factores pragmático-discursivos provocan que las normas gramaticales más tradicionales no tengan sentido dependiendo del contexto.

La propuesta que hemos desgranado en estas páginas indaga en las posibilidades que diferentes géneros discursivos, como los géneros académicos, los artículos de opinión (periodísticos) y los textos literarios, ofrecen para trabajar la discursividad en las clases de LA. Para ello son necesarios profesores comprometidos, con un alto grado de competencia intercultural, que puedan diseñar sus propios materiales didácticos a partir de una selección cuidadosa de textos. En este sentido, es necesaria una detallada planificación que, partiendo de un análisis de necesidades de un contexto de enseñanza – aprendizaje concreto, distribuya en unidades didácticas y explote adecuadamente los textos seleccionados.

Referencias bibliográficas

ADAM, J. M. *Les textes: types et proptotipes – Récit, description, argumentation, explication et dialogue,* Paris: Nathan, 1992.

ARNOLD, J. *La dimensión afectiva en el aprendizaje de idiomas.* Madrid: Cambridge University Press, 2000.

BELMONTE, I. A. La subcompetencia discursiva. In: LOBATO, J. S. y GARGALLO, I. S. (Org.). *Vademecum para la formación de profesores. Enseñar español como segunda lengua (L2) / lengua extranjera (LE).* Madrid: SGEL, 2008. p. 553-573.

BUSTINZA, I. A. U. Educación intercultural en la triple frontera. *Abeache,* v. 8, n. 1, 2015. p. 73-97.

BYRAM, M.; GRIBKOVA, B. Y STARKEY, H. *Developing the intercultural dimension in language teaching.* Strasbourg: Council of Europe, 2002.

CANDAU, V. M. F. *Educación intercultural crítica: construyendo caminos.* In: WALSH, C. (Org.). Pedagogías decoloniales. Prácticas insurgentes de resistir, (re)existir y (re)vivir. Quito: Abya-Yala, 2013. p. 145-165.

CASANY, D. y CASTELLÁ, J. M. Aproximación a la literacidad crítica. *Perspectiva,* Florianópolis, v. 28, n. 2, p. 353-374, 2010.

CVC. *Diccionario de términos clave de E/LE.* Disponible en: <https://cvc.cervantes.es/ENSENANZA/biblioteca_ele/diccio_ele/diccionario/aprendizaje.htm>. Acceso en 14 de feb. De 2018.

ESCANDELL, M. V. *Introducción a la pragmática,* Barcelona: Ariel, 2006.

EZQUERRA, M. A. *Manual de dialectología hispánica,* Barcelona: Ariel, 1996.

JOUINI, K. El texto literario en las clases de E/LE: Propuesta y modelos de uso, *Didáctica. Lengua y literatura*, Madrid, v. 20, n. 1, p. 149-176, 2008.

LOBATO, J. S. y GARGALLO, I. S. (Org.). *Vademecum para la formación de profesores. Enseñar español como segunda lengua (L2) / lengua extranjera (LE)*. Madrid: SGEL, 2008.

MCLAREN, P. *Multiculturalismo crítico*. São Paulo: Cortez, 2000.OLIVEIRA, V. y MIRANDA, C. Multiculturalismo crítico, relações raciais e política curricular: a questão do hibridismo na Escola Sara. *Revista Brasileira de Educação*, São Paulo, n. 25, 2004. p. 67-81.

PALACIOS, A. *El español en América*, Barcelona: Ariel, 2008.

RICHARDS, J. S. *Curriculum Development in Language Education*. Lomdon: Cambridge University Press, 2001.

VÁZQUEZ, G. E. La enseñanza del español con fines académicos. In: LOBATO, J. S. y GARGALLO, I. S. (Org.). *Vademecum para la formación de profesores. Enseñar español como segunda lengua (L2) / lengua extranjera (LE)*. Madrid: SGEL, 2008. p. 1.129-1149.

VAN DIJK, T. A. *Discurso e poder*. São Paulo: Contexto, 2008.

WALSH, C. Introducción. *Lo pedagógico y lo decolonial: entretejiendo caminos*. In: WALSH, C. (Org.). Pedagogías decoloniales. Prácticas insurgentes de resistir, (re)existir y (re)vivir. Quito: Abya-Yala, 2013. p. 23-69.

7. PRÁCTICAS PLURILINGÜES E INTERCOMPRENSIÓN: REFLEXIONES SOBRE LA ENSEÑANZA EN CONTEXTOS ACADÉMICOS BILINGÜES

ANGELA ERAZO MUNOZ
VALDILENA RAMMÉ

Introducción

La intercomprensión se puede definir como un método y una práctica lingüística, que busca el desarrollo de la capacidad de acceder a la comprensión de contenidos y/o lenguas extranjeras o variantes de una lengua, mediante estrategias de decodificación basadas en el conocimiento de la propia lengua materna o de otras lenguas y culturas (Jamet, 2010; Meissner *et al.*, 2004). Es así como enmarcadas en las líneas teóricas de la didáctica del plurilingüismo (Gajo, 2006), iniciamos, en la Universidad Federal de la Integración Latinoamericana (UNILA), localizada en Foz do Iguaçu, Brasil, la enseñanza de la Intercomprensión como disciplina optativa para la carrera de Lenguas extranjeras LEPLE (Espanhol e Português como Línguas Estrangeiras) y otras carreras. De este modo, en este artículo compartimos algunas consideraciones sobre el proceso de la enseñanza y aprendizaje de la Intercomprensión, así como apreciaciones sobre los resultados actuales de esta experiencia novedosa.

En el contexto de la educación superior ha surgido siempre la necesidad de discutir y reflexionar sobre el carácter multilingüe y multicultural de las instituciones universitarias, pues en ellas también se reflejan las dinámicas sociales, económicas y políticas de los países que las amparan. En este sentido, las instituciones en América Latina y particularmente en Brasil están pasando constantemente por mudanzas y flujos de personas y saberes que hacen que la educación y la interacción universitaria sea un espacio propicio para la reflexión e implementación de nuevas formas de aprender, interactuar y de investigar.

En el ambiente académico y particularmente en la universidad latinoamericana, el papel de la lengua no se restringe simplemente a una función comunicativa. Por lo cual, una perspectiva plurilingüe además de considerar la diversidad de idiomas, incluye también todo lo relacionado al lenguaje y al reconocimiento de registros y variantes dentro de la misma lengua. Así apunta O. García (2011, p. 17):

> Consideramos que la educación monolingüe no es la más adecuada para el siglo veintiuno, y que toda sociedad necesita alguna forma de educación bilingüe. Nuestra visión sobre la educación bilingüe es compleja, al igual que una higuera de bengala o un árbol baniano, esta se desarrolla y crece hacia diferentes direcciones, al mismo

tiempo que establece con base a las diversas realidades sociales en las cuales emerge"[1]

En este orden de ideas, podemos decir que la Educación Superior y los programas educativos representan un eje fundamental en la difusión y promoción de las lenguas. De hecho, las acciones entorno a las políticas de lenguaje pueden contribuir al desarrollo y la valorización de idiomas, como el español y el portugués, que todavía no gozan de un estatus científico consolidado. Del mismo modo, actualmente, la formalización de la didáctica y evaluación (certificación) de lenguas antes no consideradas por la academia, como el caso de las lenguas criollas, indígenas o regionales, ha permitido poner en relieve la importancia de la valorización de lenguas minoritarias o de menor difusión. En efecto, el uso de varias lenguas en ambientes educativos es más habitual de lo que imaginamos.

Tal como lo hemos comentado, en el contexto actual de la enseñanza y el aprendizaje de lenguas, enmarcado en la perspectiva socio histórica de la globalización, la multipolaridad y la movilidad constante, se observa que las barreras lingüísticas se expanden tienden a dilatarse y, en efecto, haciendo que surjan nuevos desafíos y espacios para la reflexión sobre la enseñanza/aprendizaje de idiomas.

Por consiguiente, estas nuevas configuraciones producen que el monolingüismo ceda terreno a las prácticas plurilingües y estimulen así a las instituciones, a los investigadores y a los educadores a pasar de la concepción de un aprendizaje estático hacia la movilidad y diversidad de enfoques. Centrándonos en el contexto académico universitario latinoamericano y considerando nuestra experiencia en la UNILA, nos proponemos, por tanto, a pensar la enseñanza y el aprendizaje de lenguas desde la noción de la didáctica del plurilingüismo y de los enfoques plurales (Gajo, 2006, 2013; Candelier M. *et al.*, 2012).

Es así que, inspiradas en estas líneas teóricas y como una forma de materializar lo que esta perspectiva intenta desarrollar, partiendo de nuestra realidad y tomando en cuenta las particularidades del contexto en que nos enmarcamos, procedimos a las propuestas de disciplinas y proyectos que presentamos a continuación.

Propuestas plurilingües de aprendizaje: la intercomprensión

Aunque el concepto y la reflexión sobre la didáctica del plurilingüismo surge inicialmente en un contexto político y geográfico particular relacionado con la construcción europea, en el continente americano estas cuestiones toman

---

[1] No original: "We believe that monolingual education is not longer adequate in the twenty-first century, and that every society needs some form of bilingual education. Our view of bilingual education is complex, like the banyan tree, allowing for growth in different directions at the same time and grounded in the diverse social realities from which it emerges."

cada día más relevancia debido a los diferentes dinámicas políticas y migratorias que acentúan la necesidad de establecer acuerdos internacionales y movilidad e intercambio del cuerpo académico. Dentro de dichas dinámicas, es de notar que, la diversidad lingüística como componente social, ideológico, político y humano constituye, evidentemente, uno de los centros de interés de diversos proyectos políticos y educativos.

En el marco europeo, se resalta que, en 2002, el Consejo de Europa publicó el Marco Común de Referencia para las Lenguas (MCER), documento que influyó directamente en la didáctica de lenguas extranjeras en Europa y otros continentes. Este documento, además de establecer una referencia para de lineamientos generales en el proceso de enseñanza y evaluación de una lengua extranjera, se propone una formación *plurilingüe* y se le otorga un lugar imprescindible al desarrollo del pluri-multilingüismo, mediante enfoques plurales.

Así, dentro de esta misma línea, en 2008 se publica el Marco Europeo de Referencia que concibe la noción de competencia plurilingüe y pluricultural *(MAREP)*. En este sentido, Candelier *et al* (2008, p. 8) acuñan el concepto de enfoques plurales *(approches plurielles)* bajo una línea didáctica que pone en marcha actividades en las cuales se impliquen varias variantes y variedades lingüísticas y culturales al mismo tiempo.

Así pues, con el objetivo de proponer algunas modalidades de educación bilingüe que tengan por objetivo optimizar las relaciones entre las lenguas utilizadas para así construir y desarrollar una verdadera competencia plurilingüe (Candelier M. *et al.*, 2012), los enfoques plurales proponen cuatro grandes líneas que son las siguientes: 1) la **didáctica integrada de lenguas** que tiene como objetivo el establecimiento de puntos de conexión entre la enseñanza de la lengua materna y la enseñanza-aprendizaje de la(s) lengua(s) extranjera(s) a todo nivel de aprendizaje; 2) el **enfoque intercultural**, conocido ampliamente y trabajado en la enseñanza-aprendizaje de lenguas actualmente, y que busca mostrar al individuo la diversidad lingüística y cultural existente; 3) el **despertar a las lenguas**, que es una modalidad didáctica en la cual la diversidad lingüística es tratada como objeto de otras actividades pedagógicas que pueden ser o no del área de las lenguas; 4) la **intercomprensión de lenguas emparentadas**, que se remite al hecho de enseñar a comprender una o más lenguas extranjeras, basándose en el conocimiento de su propia lengua y en la del contexto en el cual la interacción tiene lugar (Erazo & Chavez, 2014).

A nivel universitario, y en los procesos de producción científica, observamos que no siempre es necesario desarrollar todas las competencias para práctica y adquisición de un nuevo idioma. En este sentido, la intercomprensión, definida como "un proceso a través del cual se accede mediante la lengua materna a la comprensión escrita y oral de dos, tres o más lenguas de la misma familia, nunca antes aprendidas sistemáticamente"

(Villalón & Tassara, 2014), resulta una herramienta muy atractiva en contextos educativos internacionales, así como en grupos de investigación compuesto por personas de diferentes nacionalidades.

De hecho, creemos que también resulta más provechoso en términos de tiempo y número de lenguas, pasar por la jerarquización de los objetivos de aprendizaje como lo propone la intercomprensión. Como consecuencia, esta es la perspectiva dentro de la cual forjamos las propuestas didácticas que implementamos en nuestra universidad. Pues, es importante resaltar, la Universidad de Integración Latinoamericana (UNILA) es una institución situada en frontera entre Argentina, Brasil y Paraguay, que recibe estudiantes de varios países latinoamericanos y de diversos ambientes escolares y socioculturales. Esta universidad fue construida bajo los conceptos de integración, interdisciplinariedad y bilingüismo (español-portugués) proporcionando un ambiente en el cual la intercomprensión es practicada no solo en las clases de disciplinas específicas, sino también en todos los ambientes académicos y sociales. De este modo, profesores y estudiantes acceden a un entorno en donde se ven enfrentados a convivir y llevar procesos de aprendizaje en lenguas y culturas académicas diversas todos los días.

La intercomprensión en la UNILA

Partiendo del contexto descrito de la UNILA en el apartado anterior y pensando en la posibilidad de desarrollar en los estudiantes de nuestra Universidad una materia que les posibilitara en poco tiempo el acceso a la información en otras lenguas y a otros ambientes académicos y culturales, fueron incluidas dos disciplinas de enseñanza y aprendizaje de la Intercomprensión en el programa de pregrado de Lenguas Extranjeras - LEPLE (Letras - Licenciatura em Espanhol e Português como Línguas Estrangeiras), dejando abierta la posibilidad de acceso y participación a todos los estudiantes de cualquier programa.

Comenzamos con la oferta de una disciplina de introducción a la intercomprensión en lenguas romances que, debido a la acogida y al retorno positivo nos condujo a la inclusión de una segunda oferta y a la elaboración de otra propuesta más especializada en la didáctica de la intercomprensión que sería la continuación de la primera. Para la primera materia, además de presentar la historia y discutir cuestiones culturales y lingüísticas de las lenguas romances (portugués, español, italiano, francés, gallego, occitano, rumano y criollo haitiano), también trabajamos estrategias y conceptos centrales dentro de la didáctica de la intercomprensión a partir de manuales específicos.

En esta disciplina de introducción a la intercomprensión, se intentó dar prioridad a las actividades receptivas, al centrarse inicialmente en estimular las actividades de comprensión y comparación entre las lenguas, e igualmente, al disociarlas de las actividades de producción lingüística, lo cual permitió un acceso rápido y eficaz a informaciones textuales orales y escritas, con temas distintos y diversos géneros textuales (artículos, cartas, reseñas, documentales, series) en varias lenguas de la misma familia.

El material didáctico elaborado para esta disciplina fue todo construido en conjunto con los profesores de la Universidad Federal de Paraná (Brasil) con quienes se conformó un equipo de intercomprensión en el estado del Paraná a partir del cual también realizamos y continuamos conduciendo proyectos colectivos. Igualmente, utilizamos recursos manuales (INTERLAT, Eurom5, Euromania) y plataformas interactivas especializadas para la enseñanza de la intercomprensión[2] (Itinerarios Romances, MIRIADI). Todos estos recursos humanos y didácticos son disponibles y compartidos gracias al trabajo en redes que es realizado a partir de equipos europeos y latinoamericanos[3].

Por otro lado, con el objetivo de atender más lenguas y promover justamente un ambiente plurilingüe, contamos con la participación puntual en las clases de profesores externos de lenguas quienes se encargaron del italiano y el talian, del francés y el occitano y del criollo haitiano. Asimismo, es necesario señalar que, debido al carácter internacional de nuestra institución, varios de nuestros alumnos son oriundos de países como Argentina, Chile, Colombia, Haití, Paraguay y de otras regiones de Brasil como Rio de Janeiro, Pará, Rio Grande do Sul, Minas Gerais. La participación de ellos y la implicación en las clases nos permitía discutir sobre estructuras lingüísticas diversas y presentar estas variedades comparando con su propia realidad. Podemos ver esa diversidad en el siguiente ejemplo de la presentación de una alumna de la carrera de Lenguas sobre el español en Paraguay:

---

[2] http://www.unilat.org/DPEL/Intercomprehension/Itineraires_romans ; https://www.miriadi.net/

[3] La *Red Latinoamericana de Intercomprensión* ha estado trabajando en nuestro continente hace algunos años y cuenta con investigadores de las principales universidades de la región. De Argentina participan Universidad Nacional de Córdoba y la Universidad de Rio Cuarto; de Chile participan la Universidad de Valparaiso; de Brasil la Unicamp, UFPR, UnB, UFMG, UFRN, UNILA, entre otras.

Fig.1 extracto de presentación sobre el español de Paraguay, 2016

Como lo mencionamos anteriormente, nuestros alumnos pertenecen a varios programas de pregrado. Esta diversidad de puntos de vista nos llevó a trabajar no sólo sobre la intercomprensión y la importancia del plurilingüismo para cada una de sus áreas de estudio, sino también, a promover prácticas de comunicación plurilingües donde cada uno se expresaba en su idioma y desarrollar herramientas y estrategias de comprensión mutua. Es importante decir que, además de tener una clase plurilingüe, con estudiantes de lengua materna español, portugués y criollo haitiano, la disciplina contaba con dos profesoras, una hispanohablante y la otra lusohablante que conducían las clases conjuntamente en las dos lenguas.

Los resultados de este trabajo fueron muy positivos a todo nivel. La evaluación de esta disciplina es realizada en forma de seminario donde los estudiantes presentan su trabajo en forma de portafolio de aprendizaje. En este portfolio, de forma escrita y con soportes audiovisuales, son relatadas las experiencias y reflexiones sobre la práctica y teoría de la intercomprensión y el hecho de aprender sobre y en varias lenguas. Este tipo de evaluación nos permite, paralelamente evaluar al estudiante y sus destrezas comunicativas, así como apreciar la aplicación de conceptos y nociones de la propia disciplina. En ese sentido, podemos destacar aquí algunos comentarios de los estudiantes:

¡Aprender un idioma nunca fue tan fácil¡ Tu entiendes los Idiomas a tu alcance, hablas en tu lengua y entiende la del otro, intercomprendes a los de otros, viajas entre las lenguas romance. ¡Deja tu miedo, vive el lenguaje!
Testimonio de un estudiante de Economía

Foi uma experiência completamente nova e diferente participar da optativa de práticas plurilíngues, aprendi uma forma diferente de aprender, estudar e lidar com outra língua, seja ela espanhol, francês, italiano, etc. (...) Algo que me marcou bastante foi a forma que nos foi ensinado a compreender outra língua, comparando com minha língua materna e podendo notar as diversas semelhanças que ajudam a compreender um texto, uma notícia, uma música, um filme, etc. Perceber que existe uma ligação entre todas as línguas foi sem dúvidas o melhor aprendizado que levarei.
Testimonio de una estudiante de Lenguas

Firenze italiano e l'assenti italiano: io no iscrivo in italiano. Embora as técnicas aprendidas e o trabalho no Miriadi, ainda tenho muita dificuldade com o idioma. Entretanto, consigo agora compreender um texto escrito.
Testimonio de un estudiante de Relaciones Internacionales

Outro aprendizado que a disciplina me deixou, foi o conhecimento do Galego. Eu sabia que o idioma existia, mas não fazia ideia que era tão próximo do português. Fiquei apaixonada. O que eu posso dizer é que a disciplina me trouxe muitos aprendizados, além de um novo método de aprender e futuramente ensinar línguas, de uma maneira mais interativa e prática, logo, mais agradável. A minha compreensão escrita do francês saltou depois da disciplina.
Testimonio de una estudiante de Lenguas

Por otro lado, y como parte del programa de actividades de clases, nuestros estudiantes también tienen la posibilidad de participar gratuitamente de actividades de intercomprensión en línea. Por ejemplo, con un enfoque más didáctico, dentro de la segunda disciplina, asistimos a un curso en línea (MOOC[4]) sobre el componente intercultural en la intercomprensión ofertado por la Organización Internacional de la Francofonía. Asimismo, la plataforma de aprendizaje y mutualización de la intercomprensión MIRIADI también ofertó posibilidad de participar de sesiones en línea para realizar actividades de intercomprensión. Por ejemplo, en 2016 participamos de la sesión sobre cine llamada *Romanofonia e cinema[5]*, con la participación de estudiantes de universidades de Eslovaquia, Francia, Italia, México y Brasil.

De este modo, los resultados del trabajo realizado en la plataforma MIRIADI también sirvieron como soporte de evaluación del recorrido de aprendizaje pues cada equipo tuvo que entregar un trabajo-producto final. Como veremos a continuación, como resultado de este trabajo colaborativo en línea, tenemos el ejemplo de uno de los equipos que realizó un minidocumetal[6]:

Fig.2 Muestra del minidocumental – MIRIADI 2016

Además del minidocumental, como trabajo final de la sesión *Romanofonia y Cinema* de la plataforma MIRIADI, se realizaron otros trabajos como propuestas innovadoras de doblaje plurilingüe para las películas estudiadas, colecta de entrevistas en varias lenguas sobre las dictaduras militares en América Latina, todas ellas compartidas y disponibles en la plataforma. Tal como hemos mencionado, los estudiantes que participaron de este trabajo relatan haber tenido una experiencia muy positiva. Pues además del curso proporcionarles una vivencia de la intercomprensión, todas las actividades nos llevaban a discutir sobre la imposición que existe en la producción de textos, videos y otros soportes académicos (y de amplia difusión) en una única lengua. Siendo que, la mayoría de los ambientes de recepción de estos productos son multilingües, las producciones que circulan continúan siendo obligatoriamente monolingües. En efecto, es por este y otros motivos que las producciones dentro de las disciplinas de intercompensión son tan relevantes pues, estas mismas, crean ambientes y proporcionan oportunidades para la producción de un conocimiento plural.

Finalmente, consideramos necesario comentar que las actividades de

---

[4] Disponible en el siguiente enlace: http://clom-ic.francophonie.org/)
[5] Disponible en el siguiente enlace: https://www.miriadi.net/1270-romanofonia-e-cinema
[6] Disponible en el siguiente enlace:
https://www.youtube.com/watch?v=a8EhuETLrNs&t=2s

intercomprensión también están siendo introducidas en las clases de español y portugués como lenguas extranjeras en la UNILA. Pues, a pesar de que las clases de idiomas, debido a su naturaleza y función sean mayoritariamente monolingües ya que el foco es la enseñanza/aprendizaje de "una" lengua, la introducción de actividades sobre lenguas de la misma familia (francés, criollo haitiano, gallego e italiano por ejemplo) a partir de las primeros encuentros hace que el estudiante se sensibilice con la semejanza y la proximidad entre su lengua materna y la lengua de aprendizaje y de este modo potencialice su conocimiento previo a favor de la adquisición de una nueva lengua. Esta sensibilización rompe las barreras como el miedo a la incomprensión o a la dificultad gramatical, pues permite que el estudiante perciba que su lengua materna y el idioma de aprendizaje comparten muchas características lingüísticas, históricas y culturales.

Consideraciones finales

Como se puede notar, nosotras sentimos que los propios estudiantes muestran cada vez más el interés por realizar actividades y cursos en los cuales el plurilingüismo pueda ser una forma de expresión y una herramienta comunicativa al servicio del intercambio de conocimientos. Nuestra experiencia con la inclusión de la práctica de la intercomprensión en la carrera de Lenguas y en las clases de portugués y español fue realmente provechosa y, mediante eso, consideramos esencial formar a los estudiantes desde los niveles de pregrado.

Muchas universidades en América Latina y Europa ofertan disciplinas de intercomprensión en programas especializados en didáctica de lenguas o lingüística y a nivel de posgrado. Sin embargo, inscritos en el contexto de la UNILA, consideramos esencial sensibilizar a los estudiantes al encuentro con la diversidad y a las prácticas de comunicación plurilingües desde su ingreso a la universidad. Por ello, nuestra disciplina fue la primera disciplina de intercomprensión en Brasil a ser ofertada para todas las carreras y en el nivel de pregrado.

Es de notar que, la UNILA al ser una institución bilingüe donde las clases y las actividades académicas se realizan en español y portugués, se generan situaciones heterogéneas de intercambio donde los idiomas cumplen un papel esencial en los procesos de enseñanza-aprendizaje, de investigación, construcción y circulación científica. En este sentido, las prácticas comunicativas plurilingües emergen como una condición indispensable para responder a problemáticas relacionadas a la integración e inserción de estudiantes. Así, basados en el componente multilingüe de la institución y a partir de experiencias quisimos traer estas metodologías y propuestas plurilingües al servicio de una educación integradora y diversa como la que anhelamos.

Tanto en la intercomprensión como en otras actividades de mediación lingüística (traducción, reformulación, paráfrasis), el objetivo comunicativo va más allá de la transmisión de información. Como apunta Erazo Munoz (2016, p. 67) "se pretende llegar a la comprensión del otro, a pensar el lugar del otro dentro de la interacción, a resolver problemas de comunicación tomando en cuenta la diversidad de lenguajes y culturas y a establecer puentes de contacto e interacción entre las naciones y pueblos que conforman el espacio, en nuestro caso, latinoamericano".

Referencias Bibliográficas

CANDELIER, M. et al. **CARAP: un cadre de référence pour les approches plurielles des langues et des cultures**. Ed. Centre européen pour les langues vivantes. Strasbourg, France: Conseil de l'Europe, 2008.

CANDELIER, M., CAMILLERI-GRIMA, A., CASTELLOTTI, V., DE PIETRO, J. F., LORINCZ, I., MEISSNER, F. J.,& NOGUEROL, A., 2012. **Cadre de Référence pour les Approches Plurielles des Langues et des Cultures**. Graz-CELV, Conseil de l'Europe, http://carap.ecml.at. Acesso em: 02 de março de 2018.

COSTE, D. **Plurilinguisme et apprentissages: mélanges**. Lyon, France: Ecole normale supérieure, Lettres et sciences humaines, 2005.

DEGACHE, C. & GARBARINO, S. (Ed.). **Itinéraires pédagogiques de l'alternance des langues : l'intercompréhension**. Grenoble, France: UGA, 2017.

ERAZO MUNOZ, A. (2016). **L'intercompréhension dans le contexte plurilingue de l'Université Fédérale de l'intégration Latino-Américaine (UNILA): expériences, contact et interaction plurilingue**. Tese de Doutorado. LIDILEM, Université Grenoble Alpes, 2016. Disponível em: http://www.theses.fr/2016GREAL001. Acesso em: 02 de março de 2018.

ERAZO-MUNOZ, A. & CHAVEZ SÓLIS, C. Propuestas plurilingües para la integración latinoamericana: la intercomprensión de lenguas emparentadas como práctica de comunicación y educación. In: **REVISTA SURES**, *3*, p. 1–17. 2014.

GAJO, L. D'une société à une éducation plurilingue: constat et défi pour l'enseignement et la formation des enseignants. In: **Synergie Monde**, *n°1*, p. 62–66. 2006.

_____. Le plurilinguisme dans et pour la science : enjeux d'une politique linguistique à l'université. In: **Synergies Europe**, *n°8*, p. 97–109. 2013./

GARCÍA, O. **Bilingual education in the 21st century: a global perspective** (2a ed.). Malden (MA), USA: Wiley-Blackwell, 2011.

GARCÍA, O. & WEI, L. **Translanguaging: Language, Bilingualism and Education**. New York: Palgrave Macmilla, 2014.

INSTITUTO CERVANTES CVC, & CONSEJO DE EUROPA (Eds.). **Marco Común Europeo de Referencia para las Lenguas: aprendizaje, enseñanza, evaluación (MCER).** Madrid, Espagne: Ministerio de educación, cultura y deporte. Subdirección general de información y publicaciones, 2002.

JAMET, M.-C. (2010). L'intercompréhension: de la définition d'un concept à la délimitation d'un champ de recherche ou vice versa? Autour de la définition. In: **Publifarum, 11.** Recuperado de http://www.publifarum.farum.it/ezine_pdf.php?art_id=144

MEISSNER, F.-J. **EuroComRom-Les sept tamis: lire les langues romanes dès le départ.** Aachen, Allemagne: Shaker Verlag, 2004.

VILLALÓN, C. & TASSARA, G. La intercomprensión de lenguas latinas: una herramienta para el desarrollo del plurilingüismo en Chile. In: **Colombian Applied Linguistics Journal**, *16* (2), p. 277–290. 2014.

VILLALÓN, C.; TASSARA, G.; MORENO, P. La intercomprensión entre lenguas latinas en las políticas educacionales: el caso de Chile. In: GONZÁLEZ ÁLVAREZ, D.; CHARDENET, P.; TOST, M. A. (Eds.). **L' intercompréhension et les nouveaux défis pour les langues romanes.** Montréal (Québec), Canada: Agence Universitaire de la Francophonie, 2011.

8. PRÁTICAS TRANSLÍNGUES, TRANSCULTURAIS E DECOLONIAIS NO ENSINO- APRENDIZAGEM DE PLA NA UNILA: SABERES TRANSFRONTEIRIÇOS
HENRIQUE LEROY

Introdução

Ouvir as vozes do Sul para incluir os sujeitos que as performam, conscientizando-os do mundo opressor onde vivem para libertá-los e transformá-los com o objetivo de visibilizar as suas práticas locais de linguagens. Foi a partir desse pensamento decolonial que o tema deste artigo se desenvolveu, buscando análises e reflexões sobre como empoderar os sujeitos considerados marginalizados, em um mundo cada vez mais fluido, fragmentado e desterritorializado. O cenário escolhido para essas práxis libertadoras e transformadoras (FREIRE, 2013) foi a sala de aula de Língua Portuguesa Adicional (PLA)[1] da Universidade Federal da Integração Latino-Americana (UNILA), localizada na cidade de Foz do Iguaçu, no Paraná, na maior Tríplice Fronteira do país, entre o Paraguai e a Argentina, caracterizado aqui como um cenário transfronteiriço[2].

O presente artigo tem o objetivo de discutir sobre como as práticas translíngues (CANAGARAJAH, 2013; GARCÍA & WEI, 2014), transculturais (SOUZA, 2017) e decoloniais (MIGNOLO, 2013) são manifestadas na sala de aula de Língua Portuguesa Adicional (PLA) da Universidade Federal da Integração Latino-Americana (UNILA). Tais manifestações translinguajeiras, transculturais e decoloniais em sala de aula de PLA em contexto de fronteira são advindas de textos escritos produzidos pelos educandos para seus trabalhos finais da disciplina de PLA. Espera-se, assim, que as atividades aplicadas no contexto de sala de aula de PLA possam recombinar, ressignificar e visibilizar as vozes do Sul performadas pelos

---

[1] Adotamos o termo *língua adicional* nesta Tese, corroborando a definição de Schlatter e Garcez (2009) para esse termo, para expressar que essa língua nos pertence e não é estrangeira para nós. Por isso, os estudantes escolhem *adicioná-la* aos seus repertórios linguísticos idiossincráticos com o objetivo de fazerem uso dela em suas práticas sociais. A visão desse termo valoriza a comunicação transnacional, isto é, aquela que transcende as fronteiras nacionais e que visam à inclusão cidadã para a justiça social, fazendo com que as dicotomias nativo/estrangeiro ou primeira/segunda língua percam seus significados.

[2] Pereira Carneiro (2016) discute os construtos de regiões transfronteiriças e transfronteirizações como conceitos em construção. O primeiro seria caracterizado pela porosidade existente nas regiões entre dois ou mais países, onde a abertura prevalece sobre o fechamento, um lugar vivo, dinâmico e complexo que prepara o terreno para os processos de transfronteirizações, quando seus habitantes transcendem as fronteiras, valorizando e incorporando em suas estratégias de vida, hábitos que já não podem mais ser limitados a um país ou outro.

trans-sujeitos educandos. Essas vozes poderão ser ouvidas por meio do que aqui chamo de saberes transfronteiriços, quais sejam, as práticas translíngues, transculturais e decoloniais dos educandos3. Tais ações abrem possibilidades para que esses trans-sujeitos em constante estado de libertação (FREIRE, 2013) transitem por uma multiplicidade de lugares, colaborando ativamente nas diversas redes configuradas pelos territórios transfronteiriços e superando, cada vez mais, os discursos, espistemologias e ideologias modernas, colonizadoras e opressoras, trazendo à tona a desobediência epistêmica e a descolonização acadêmica4 (MIGNOLO, 2013).

O artigo está organizado nas seguintes seções: primeiramente, os saberes transfronteiriços que fundamentaram este trabalho são expostos; na segunda seção, faz-se uma apresentação panorâmica do cenário da pesquisa, da geração de registros e de seus sujeitos; na terceira seção, as análises das práticas translinguajeiras, transculturais e decoloniais manifestadas na sala de aula de Língua Portuguesa Adicional, na Tríplice Fronteira mais movimentada do país, são tecidas. Por fim, as considerações finais são apresentadas.

Saberes transfronteiriços: diálogos entre as práticas translíngues, transculturais e decoloniais3

O termo translíngue, para Canagarajah (2013) joga luz em dois conceitos significativos para uma mudança de paradigma: (1) a comunicação transcende as línguas individuais; (2) a comunicação transcende palavras, envolvendo recursos semióticos diversos.

De acordo com Canagarajah (2013), são caracteríticas do primeiro paradigma: a) as "línguas" estão sempre em contato e se influenciam o tempo todo, o que faz com que a separação das línguas em rótulos seja

---

3 Apesar de algumas críticas (EDWARDS, 2012; ORMAN, 2013), que consideram esses termos –*trans* como "vinho velho em garrafas novas" ou como "verborragia infértil e improdutiva" ao invés de uma "ruptura epistemológica", corroboramos o fato de que as práticas translíngues existem antes mesmo das invenções e construções do que convencionou-se chamar de línguas (CANAGARAJAH, 2013). Ele afirma que as práticas translíngues sempre estiveram presentes e vivas no cotidiano do Ocidente, do Oriente e das comunidades indígenas autóctones de todo o planeta. Essas comunidades sempre utilizaram de variados repertórios e recursos linguísticos e semióticos para se comunicarem, mas elas sempre foram desconsideradas e escondidas pelos discursos dominantes e legitimadores do poder. Para Canagarajah (2013, p. 33), o que é considerado como saber legitimado na academia ocidental está longe do que realmente acontece fora dos muros escolares, das pesquisas e das academias. "O que temos são novas teorias, mas não novas práticas" (CANAGARAJAH, p. 33. 2013). Devemos levar em consideração o que Pennycook (2017) observa sobre o risco de incorporarmos as práticas translíngues ou as translinguagens nas caixinhas da sociolinguística ortodoxa. Devemos estar sempre vigilantes para que isso não aconteça, evitando assim, considerarmos as translinguagens como um bilinguismo ou multilinguismo tradicional, em que as línguas são consideradas como sistemas autônomos, não-dinâmicos, estanques e segmentados.

problematizada. Rotular para ele é um ato ideológico para marcar certas identidades e interesses; b) os falantes das línguas tratam de todos os códigos disponíveis como um repertório pertencente à sua comunicação diária, e não de forma separada seguindo seus rótulos; c) os usuários das línguas não apresentam competências separadas, uma para cada língua rotulada, como é considerado pela linguística tradicional, mas uma proficiência integrada que é diferente da compreensão tradicional de competência multilíngue; d) as línguas não estão apenas em um constante conflito umas com as outras, mas também se complementam na comunicação. Portanto, deve-se considerar o entendimento comum de que uma língua interfere na aprendizagem e no uso da outra; as influências de uma língua sobre a outra podem ser criativas, potencializadoras e oferecer possibilidades para vozes, que são geralmente apagadas e silenciadas pelas ideologias opressoras e dominantes; e) os textos e as conversações não se encaixam em uma língua de cada vez, mas eles são unidos e mediados por diversos códigos, que talvez nem sempre estejam visíveis e evidentes na superfície; f) no contexto de tal diversidade linguística, o significado não é oriundo de um sistema ou norma gramatical comum. O significado das situações locais específicas; g) apesar dos padrões de linguagens e das normas que advêm por intermédio da negociação dessas práticas se desenvolverem por meio das práticas locais linguajeiras fossilizadas ao longo do tempo, eles estão sempre abertos a renegociações e reconstruções por meio do envolvimento dos falantes em novos contextos comunicativos. Padrões e normas devem ser situados localmente ou relocalizados (PENNYCOOK, 2010) em todos os contextos de usos para serem significativos; e h) a comunicação deve considerar as línguas como recursos móveis (BLOMMAERT, 2010), que são apropriados por pessoas para cumprirem seus propósitos comunicativos; esses recursos indexam significados e ganham forma em contextos situados para interlocutores específicos em suas práticas sociais.

Pensando na segunda mudança de paradigma, que é 2) a comunicação transcende palavras, envolvendo recursos semióticos diversos, o que caracteriza as práticas translíngues, devemos considerar os seguintes pressupostos: a) a comunicação envolve recursos semióticos diversos; a língua é apenas um recurso semiótico entre muitos outros, como imagens, símbolos e ícones; b) todos os recursos semióticos trabalham juntos na construção de significados; se separarmos tais recursos em diferentes sistemas, o significado pode ser distorcido, violando sua significação local e sua interconectividade; c) a língua e seus recursos semióticos constroem significados no contexto diversificado de modalidades que trabalham juntas, incluindo as modalidades orais, escritas e visuais; d) os recursos semióticos estão envolvidos em um ambiente físico e social alinhados a características contextuais como os sujeitos, os objetos, o corpo humano e todo o cenário propício à construção de significados; e) portanto, tratar a língua como um sistema hermeticamente fechado, que está livre de outros recursos semióticos, longe do contexto, um produto acabado e completo e com um status autônomo desconcertam e fazem destoar todas as práticas de construções de significados. Apesar de ser importante para os linguistas focar na língua para propósitos analíticos, tais considerações devem ser informadas pelas multimodalidades dessa língua.

Seguindo essa mudança de paradigma linguístico, político e ideológico, García e Wei (2014) constroem o que chamam de translinguagens. Para eles, as translinguagens são manifestadas quando um sujeito faz uso de todo o seu repertório linguístico, não se importando se ele estará se comunicando no que culturalmente, politicamente e socialmente convencionou-se chamar de língua inglesa, língua espanhola, língua francesa, língua portuguesa etc. Este construto traz a ideia de que não sabemos uma língua totalmente. O que sabemos ou possuímos são repertórios dessas línguas (BLOOMAERT, 2010). A ideia das translinguagens para eles está fundamentada no conceito de linguagem de Maturana e Varela (1998), em que a linguagem se autocriará e recriará em contato com ela própria e com o contexto que a envolve. Tal contexto também se recriará em razão de seu contato com essa linguagem. Esse processo de autocriação e autorreprodução visa à sobrevivência da própria linguagem que anseia por comunicação. E a ideia do prefixo *trans*- nos remete ao ir além do construto monolíngue, estanque e não dinâmico das linguagens. Ir além também do bilinguismo e multilinguismo que consideram as línguas como dois ou mais sistemas autônomos, separados, segmentados e não dinâmicos. As translinguagens de García & Wei (2014) têm o objetivo de fazer com que as vozes que estão apagadas pelo sistema colonial moderno sejam ouvidas, trazendo os transsujeitos para os holofotes da inclusão que visa à transformação e que ruma para a justiça social.

No que concerne às práticas transculturais, esta seção traz Souza (2017) para o diálogo entre os saberes transfronteiriços. Aqui se estabelece a ambiguidade para o prefixo *trans*- na palavra transculturalidade. Para Souza (2017), ele pode significar tanto o (1) fluxo ou movimento entre duas ou mais culturas, em que há o movimento, mas a homogeneidade é preservada, ou (2) o movimento na heterogeneidade. No primeiro caso, a cultura é considerada como completa, autônoma e homogênea e o movimento e o fluxo entre uma e outra as caracterizam como providas de multiplicidades, que é o agrupamento de múltiplas culturas, isto é, há o agrupamento e o movimento entre elas, formando um coletivo de pequenas totalidades, onde cada cultura permanece autônoma e preserva a sua homogeneidade. Isso também se reflete nas visões que temos de língua e de conhecimento. Essa visão de cultura apaga as diferenças e pode incitar o seperatismo, a segregação e violentos conflitos. De acordo com Welsh (1999) apud Souza (2017), os conceitos de multiculturalidade e interculturalidade apresentam o ranço de considerar as culturas como esferas fechadas ou ilhas homogêneas. O segundo caso, que é a transculturalidade como *movimento na heterogeneidade*, apresenta como foco o entrelaçamento segundo Welsh (1999), sendo as culturas hoje caracterizadas internamente como uma pluralidade de identidades e externamente como um atravessar constante de fronteiras. Para Souza (2017),

Transculturality brings to the fore the fact that cultures, like languages and epistemologies, *have always been* constituted by heterogeneous ("sub-") cultural elements and *have always been* in contact with, have been influenced by, or have themselves influenced other cultures (…) (...) As such, though transculturality may appear to be a product of globalization and its cross-border flows, it has always been a characteristic of cultures, given that cultures have always been formed in contact with other cultures. (tradução minha) (SOUZA, 2017, p. 269, grifos do autor)[4]

Essa é a definição de transculturalidade que este artigo considera. Para Cantle (2014), a transculturalidade é constituída por pluralidades, tanto no aspecto do indivíduo que integra uma cultura como no aspecto da nação heterogênea, sendo essa a chave do entendimento para os construtores e elaboradores das políticas linguísticas.

Por fim, enriquecemos este diálogo com o pensamento decolonial do argentino Walter Mignolo, que afirma que a *transculturação* envolve o *pensamento liminar ou fronteiriço* e a *colonialidade*. Mignolo vê o *pensamento liminar* como o pensamento concebido fora das fronteiras do sistema mundial moderno/colonial (MIGNOLO, 2013, p. 11) e como o pensamento *entre* práticas de linguagens e suas relações históricas (MIGNOLO, 2013, p. 74). O *pensamento liminar* atesta que há conexões entre o lugar de onde se teoriza e os lugares de onde se estabelece politicamente nossos lugares de enunciação. Mignolo vê o estabelecimento político de "uma outra língua" como uma maneira de romper com os projetos globais para desenvolver "um outro pensamento", um entre-lugar[5], uma terceira margem[6]. Esta "outra língua",

---

[4] A tansculturalidade revela o fato de que as culturas, as línguas e suas epistemologias *sempre foram* constituídas por elementos (sub)culturais heterogêneos e *sempre estiveram* em contato ou foram influenciadas ou influenciaram outras culturas (...) (...) Isso explica o fato de que a transculturalidade, como movimento na heterogeneidade, não é um produto da globalização e suas transposições fronteiriças. Ela sempre foi característica das culturas, porque elas sempre se formaram por meio dos contatos com outras culturas. (SOUZA, 2017, p. 269, grifos do autor).

[5] O conceito de entre-lugar ou *in-between* é atribuído a Homi Bhabha (2004), quando se refere à criação de um terceiro espaço advindo da interação entre culturas.

[6] O termo "terceira margem" é retirado do conto de João Guimarães Rosa, presente no livro "Primeiras Estórias" (ROSA, 2015), em que ele narra a história de um pai que, um dia, resolve adentrar um rio em uma canoa, e ali permanecer, para sempre. A terceira margem pode ser um terceiro lugar, que não é nem a margem direita e nem a margem esquerda do rio, podendo ser a canoa a própria terceira margem. Ela também pode ser a eternidade, ou seja, aquilo que todos presenciamos pode ser apenas o inconsciente ou o delírio do narrador-personagem que é filho do pai que está na canoa. Por fim, a terceira margem também pode

que caracteriza a terceira margem, tem o objetivo de descolonizar os saberes intelectuais dominantes, incluindo as linguagens. Mignolo (2013) chama este pensar entre línguas de *bilinguajar*. Para ele, bilinguajar é uma forma de viver entre duas ou mais línguas, de existir, de lutar, de se estabelecer politicamente, de sobreviver e de permanecer em um mundo ditado por um sistema colonial/moderno, tal qual o conceito de bilinguismo dinâmico proposto por García (2009). É uma maneira de inclusão das línguas não dominantes visando à transformação e à libertação sociais e acadêmicas.

O *pensar liminar* envolve (2) as relações desiguais de poder e suas consequências epistemológicas. Segundo Souza (2017), a colonização acadêmica citada por Mignolo (2013), além dos conflitos epistemológicos e ideológicos, tem também como resultado as relações desiguais de poder que, há muitos séculos, se refletem na imposição das epistemologias mais poderosas economicamente e politicamente dos opressores consideradas superiores. Essa imposição do mais forte para o mais fraco é resultado do colonialismo (QUIJANO, 2007), que é então um sistema político e econômico absoluto de imposição dos valores de uma nação sobre a outra. A apropriação do colonialismo pelo campo dos saberes, das linguagens e das culturas obteve o nome de colonialidade (QUIJANO, 2007), criando, assim, uma imposição de línguas, culturas e saberes sobre outras línguas, culturas e saberes considerados inferiores, o que foi descrito por Mignolo (2013) como a lógica da colonialidade.

A seguir, faz-se uma apresentação panorâmica do cenário da pesquisa, da geração de registros e dos trans-sujeitos que participaram deste estudo.

O contexto transfronteiriço, a geração de registros e os sujeitos da pesquisa

O Brasil, país de tamanho continental com mais de 8,5 milhões de km^2, possui 10 municípios situados em tríplices fronteiras. Dentre elas, encontramos a Tríplice Fronteira entre o Brasil, a Argentina e o Paraguai considerada a mais movimentada e populosa, em razão de seu caráter turístico e de sua configuração econômica e politicamente estratégica. Do lado argentino, está a cidade de *Puerto Iguazú*, na Província de *Misiones* com aproximadamente

80.020 habitantes; do lado paraguaio, localiza-se *Ciudad Del Este*, na

---

ser o desconhecido, ou a busca interior, autoconhecimento. A necessidade que o pai tem de se buscar por meio do isolamento. Portanto, a terceira margem é tanto um "entre-lugar" como um "não-lugar" ou como um terceiro lugar que surge de encontros, fluidez e hibridizações. O encontro, diálogo e trânsito entre diferentes culturas na sala de aula de PLA pode criar muitas "terceiras margens". A terceira margem não seria nem o lugar do opressor/colonizador que oprime, nem o lugar do oprimido que sofre a opressão (FREIRE, 2013), mas o lugar da constante busca pela libertação, onde oprimido e opressor transformam-se seres em libertação.

Província de *Alto Paraná*, a segunda maior cidade do Paraguai e maior cidade desta Tríplice Fronteira, contando com aproximadamente 387.000 pessoas e, do lado brasileiro, a cidade de Foz do Iguaçu, no Estado do Paraná, separada de *Puerto Iguazú* pelo rio Iguaçu e de *Ciudad Del Este* pelo rio Paraná.

Foz do Iguaçu possui uma população de 263.915 habitantes, conforme estimativa do Instituto Brasileiro de Geografia e Estatística (IBGE), de agosto de 2016. É conhecida internacionalmente pelas Cataratas do Iguaçu - uma das vencedoras do concurso que escolheu as *7 Maravilhas da Natureza* - e pela Usina Hidrelétrica de Itaipu, a segunda maior do mundo em tamanho e primeira em geração de energia, que em 1996 foi considerada uma das 7 Maravilhas do Mundo Moderno pela *Sociedade Americana de Engenheiros Civis*. É considerada, ainda, um dos municípios mais multiculturais do Brasil, onde estão presentes habitantes de mais de 80[7] nacionalidades, entre estas italianos, alemães, ucranianos, japoneses, árabes, haitianos, sendo as mais representativas a libanesa, a chinesa, a paraguaia e a argentina.

Nesse cenário, foi criada A Universidade Federal da Integração Latino-Americana (UNILA), pela Lei nº 12.189/2010, cuja vocação contempla a pluralidade linguística e cultural da região, ou seja, sua vocação é o intercâmbio acadêmico e a cooperação solidária com países integrantes do Mercosul e com os demais países da América Latina e do Caribe, em áreas consideradas estratégicas para o desenvolvimento e a integração regionais.

De acordo com a seção III do Regimento Geral da universidade, quando discorre sobre o Ciclo Comum de Estudos, este é parte integrante da missão da UNILA e obrigatório a todos os discentes matriculados na graduação, contemplando-se os seguintes conteúdos: (i) Estudo Compreensivo sobre a América Latina e Caribe (Fundamentos da América Latina); (ii) Epistemologia e Metodologia e (iii) Línguas Adicionais Portuguesa e Espanhola. Seguindo estas orientações, os alunos brasileiros cursam Língua Espanhola Adicional e os alunos estrangeiros cursam Língua Portuguesa Adicional. As disciplinas do Ciclo Comum de Estudos são cursadas em três semestres. No caso das Línguas, os estudantes têm que cursar os três primeiros níveis, quais sejam, os níveis básico, intermediário I e intermediário II. O nível avançado é destinado para aqueles que queiram se aprofundar nos estudos linguístico-culturais. Para participar da seleção internacional com o intuito de conquistar uma vaga nos 29 cursos de graduação oferecidos pela UNILA, os alunos não brasileiros devem preencher um formulário eletrônico disponível na página da instituição com suas informações pessoais e anexar diversos documentos exigidos para esse processo, como carteira de identidade, certidão de nascimento, certificado de conclusão de Ensino

---

[7] Disponível em
http://www.pmfi.pr.gov.br/conteudo/%3bjsessionid%3d62b17adaaee52db1094cf08d8af7?idMen u=1004, acesso em 20/02/2018.

Médio, histórico de notas e uma ficha de declaração. Além da conclusão do Ensino Médio, esse candidato deverá ser maior de dezoito anos e não portar nenhum tipo de visto do Brasil. Ele também não necessita ter conhecimento em Língua Portuguesa, pois um curso de acolhimento linguístico-cultural é oferecido à distância para esses candidatos. Todo o processo de seleção é gratuito. Almejando a uma formação superior de excelência destinada ao desenvolvimento e integração latino-americanos, os atuais 3.575 estudantes da UNILA são oriundos de 20 países, abarcando a América do Sul, a América Central, o Caribe e a América do Norte.

É importante ressaltar que este artigo faz parte de um trabalho mais amplo, que é a minha pesquisa de Doutorado. Portanto, apresentarei aqui apenas uma pequena parte do universo de sujeitos e dos registros gerados nesse contexto.

Esta pesquisa pertence à área da Linguística Aplicada Transgressiva (PENNYCOOK, 2006), pois tem como objetivo ampliar e transpor as fronteiras do conhecimento por meio da decolonização epistêmico-metodológica. Esta é uma pesquisa de natureza qualitativa, apresentando como base metodológica o interpretativismo cujo paradigma de interpretação é o estudo de caso.

A análise aqui proposta recai sobre portfólios escritos pelos alunos das disciplinas de Língua Portuguesa Adicional do nível Básico, que teve como finalidade se autoavaliarem em relação ao aprendizado da Língua Portuguesa e também avaliarem os materiais utilizados na disciplina, bem como avaliarem o professor e a metodologia empregada em sala de aula. Os alunos foram orientados em sala de aula a escreverem um Portfólio como trabalho final para o curso de Língua Portuguesa Adicional de nível básico, ministrado na Universidade Federal da Integração Latino-Americana (UNILA), na cidade de Foz do Iguaçu no Paraná. Neste portfólio, os aprendizes deveriam escrever um texto para ser apresentado como trabalho final contendo introdução, desenvolvimento e conclusão. Na Introdução, eles deveriam se apresentar, dizendo de onde vieram, qual era o curso que eles faziam na universidade, as razões pelas quais eles escolheram a UNILA para estudarem e se já tiveram contato ou estudado a língua portuguesa. No desenvolvimento, eles deveriam escolher quatro tarefas distribuídas entre as várias unidades da coleção "Brasil Intercultural – Língua e cultura brasileira para estrangeiros", vistas durante o semestre, e tecer uma análise sobre elas, explicitando suas percepções de aprendizagem, como também as facilidades e dificuldades encontradas durante a feitura da tarefa. Na conclusão, além de avaliarem seu próprio aprendizado e dificuldades encontradas em sala de aula, eles deveriam avaliar a didática do professor que ministrou as disciplinas, o material utilizado nas disciplinas, bem como dar sugestões sobre o que poderia ser modificado nas aulas. A seguir, apresentaremos os sujeitos envolvidos neste trabalho específico.

Em razão do curto espaço para o desenvolvimento deste artigo, decidimos destacar dois excertos produzidos nos Portfólios[8] apresentados como trabalho final da disciplina de Língua Portuguesa Adicional, nível básico. Os sujeitos[9] deste artigo são da Colômbia. Foram considerados excertos *translíngues*, transculturais e decoloniais dos seguintes alunos do nível básico: uma aluna colombiana, pertencente ao curso de Biotecnologia; e um aluno colombiano também do curso de Biotecnologia.

A seguir, as análises das práticas translinguajeiras, transculturais e decoloniais manifestadas na sala de aula de Língua Portuguesa Adicional, na Tríplice Fronteira mais movimentada do país, são tecidas.

Análises das práticas translíngues, transculturais e decoloniais: os saberes transfronteiriços no ensino- aprendizagem de PLA da UNILA

Consideramos os portfólios como um gênrero acadêmico que pode empoderar o educando, no sentido de que ele pode se expressar, sem temer, sobre o processo de aprendizagem. O portfólio é um excelente momento de reflexão para educandos e educadores repensarem suas práxis. Para os primeiros, porque refletirão sobre suas aprendizagens. Para os segundos, porque refletirão sobre suas práticas pedagógicas. Por isso, o portfólio é um elemento que se aproxima da práxis freiriana (2013), em que a ação gera reflexão e vice-versa, sendo o exato momento em que o educador torna-se um educador-educando, podendo aprender com seus educandos e o educando torna-se um educando-educador, podendo também ensinar para seus educadores. A seguir, analisaremos alguns trechos dos portfólios gerados nas aulas de Língua Portuguesa Adicional.

É interessante e necessário afirmar aqui que estamos marcando em negrito apenas os traços da outra língua porque este artigo está escrito em língua portuguesa, pois quando se trata de translinguagens, não se separa os traços das duas línguas, pois é justamente nesse entrelaçamento que estão presentes as práticas translíngues.

Os excertos a seguir, datam do primeiro semestre de 2016. O primeiro excerto foi produzido por uma aluna colombiana, do curso de Biotecnologia da UNILA. Ela cursava o nível básico da disciplina de Língua Portuguesa Adicional quando escreveu o trabalho final, o Portfólio, requisito para ser aprovada nesta disciplina.

Excerto 1

"Assim, o processo de fazer o portfólio permitiu-me **desarrollar** *os meus conhecimentos aprendidos na aula sobre escrever português. Lembro que o professor sempre fala "existe português escrito e existe português falado" e é assim mesmo. Agora* **entiendo** *muito mais*

---

[8] As transcrições mantiveram a escrita dos educandos exatamente como elas foram produzidas nos portfólios.

[9] Os nomes dos educandos foram trocados, a fim de preservar suas identidades.

*isso. E ótimo fazer isso, porque assim como apresentação é a primeira que **hago** em português, também é meu **primer trabajo no** Português. Permite-me analisar todo o processo das aulas e **reflexionar** sobre isso".* (Maria Paula, educanda colombiana, nível básico)

Este excerto pertence à última parte do Portfólio, a conclusão, em que a estudante teria que refletir sobre seu aprendizado durante a disciplina de Língua Portuguesa Adicional. Nota-se que a translinguagem português/espanhol (GARCÍA & WEI, 2014), marcada pelas palavras em língua espanhola em negrito, aparece em seu excerto. Isso significa que a linguagem presente neste excerto é autopoiética (MATURANA & VARELA, 1998), pois para sobreviver e se fazer entender, essa linguagem precisa ser criada e reproduzida pela estudante, que recorre a todo o seu repertório linguístico, que entrelaça traços da língua portuguesa e traços da língua espanhola. Isso também evidencia o caráter incompleto, inconcluso e infindável da linguagem, trazendo à tona a capacidade e necessidade da sua adaptação aos cumes e crateras da comunicação para reprodução, para a produção de sentidos, para se fazer entender. Tal caráter de incompletude da linguagem também caracteriza o habitar e o viver entre as práticas de linguagens (MIGNOLO, 2013), evidenciando um entre-lugar, um terceiro espaço possível de ser vivido e habitado. Interessante notar que as translinguagens (GARCÍA & WEI, 2014) também podem aparecer dentro da própria língua portuguesa, sobretudo quando ela cita o que o professor disse sobre "existir o português escrito e o português falado". Consideramos aqui que traços da oralidade no texto escrito e traços do texto escrito na oralidade também podem ser considerados como translinguagem dentro de uma mesma língua pois, como afirma Canagarajah (2013), somos translíngues em nossas próprias línguas, já que, para o autor - com quem concordamos - não existem sujeitos monolíngues. A estudante também enfatiza a reflexão sobre sua própria aprendizagem, dizendo que foi o seu *primer trabajo* escrito em língua portuguesa. Isso só foi possível porque esta aluna deixou seu país, a Colômbia, e veio para a Tríplice Fronteira, no Brasil, com o objetivo de estudar na UNILA. Este trânsito cultural feito pela aluna caracteriza a transculturação (SOUZA, 2017), pois, por meio desse movimento, ela entrou em contato não somente com a cultura brasileira, mas com várias culturas latino-americanas e caribenhas presentes na sala de aula. A ideia de incompletude e entrelaçamento também está presente nas culturas, as quais estão em constante processo de transformação e movimento (SOUZA, 2017). A estudante colombiana trouxe significados de sua cultura consigo para a fronteira. E a partir desse contato, ela visibilizou a voz de uma educanda colombiana que habita a fronteira, produzindo um terceiro lugar, algo novo, inédito e contingente, que foram essas reflexões escritas sobre o seu processo de aprendizagem da língua portuguesa. Tal terceiro espaço produzido pela estudante pôde transcender suas fronteiras físicas, linguísticas e emocionais, caracterizando a sala de aula de PLA na fronteira como um espaço fluido, aberto e poroso, onde a estudante fez a sua voz ser ouvida.

Os excerto número 2 é de um estudante colombiano, do curso de Biotecnologia. Tal excerto foi produzido no primeiro semestre de 2016, quando os estudantes de nível básico também tiveram que construir o Portfólio como trabalho final para a disciplina.

Excerto 2

*"**En esta** aula eu **gosté** de português já que eu pensei que não poderia falar algum idioma **aparte de** espanhol então eu **falé** nossa senhora eu posso ouvir, pensar, lembrar e falar português então **fiqué** feliz e **quiero** falar muito português, inglês, **criollo**[10] e mais."* (Leonardo, educando colombiano, nível básico)

A voz desse educando é visibilizada por meio das translinguagens (GARCÍA & WEI, 2014), manifestadas pelas palavras em negrito, quando o aluno faz uso, ora da língua portuguesa, ora da língua espanhola. Essa linguagem autopoiética (MATURNA & VARELA, 1998) permite ao aluno expressar suas reflexões quando ele se vê capaz de aprender a língua portuguesa, e por meio desta conquista, obter um estímulo para estudar outras línguas como o inglês e o *criollo* haitiano. Muito interessante notar que esse estudante valoriza o aprendizado da língua crioula haitiana. Em razão do seu contato com outras culturas, principalmente as culturas haitianas presentes na sala de aula, ele criou um terceiro espaço, um espaço novo, por meio da transculturação (SOUZA, 2017) quando ele se sensibiliza para o estudo da língua crioula; uma língua que não é valorizada pelo sistema colonial acadêmico e nem mesmo pela sociedade latino-americana e caribenha. Assim, o estudante ressalta a questão da descolonização dos saberes acadêmicos e coloniais e valorização dos saberes subalternos e marginalizados (MIGNOLO, 2013) quando se sensibiliza para o aprendizado da língua crioula. Outro ponto que merece destaque é o fato de o estudante utilizar traços da oralidade da língua portuguesa quando ele diz *nossa senhora* em um trabalho acadêmico formal e escrito que é o Portfólio. Isso também caracteriza a prática translíngue (CANAGARAJAH, 2013). E tudo isso está materializado na linguagem autopoiética, translíngue, transcultural e decolonial desse estudante, que habita e vive entre as práticas de linguagens,

---

[10] O **criollo haitiano** (*kreyòl ayisyen*), também conhecida como *criollo*, é uma das línguas oficiais do Haiti, sendo falada por quase toda a população do país. Muitos haitianos falam quatro línguas: criollo, francês, espanhol e inglês. A outra língua oficial do Haiti é o francês, idioma no qual o criollo do Haiti se baseia, sendo que 90% do seu vocabulário vêm dessa língua. <https://pt.wikipedia.org/wiki/L%C3%ADngua_crioula_haitiana> Acesso em 27/01/2017.

em um terceiro espaço, em uma terceira margem.

Considerações finais

Este artigo trouxe reflexões sobre como os saberes transfronteiriços, quais sejam, as práticas translíngues (CANAGARAJAH, 2013; GARCÍA & WEI, 2014), transculturais (SOUZA, 2017) e os estudos decoloniais (MIGNOLO, 2013) foram manifestados na sala de aula de PLA e como tais manifestações puderam (in)visibilizar as vozes do Sul ou os "suleares"[11] (FREIRE, 2015) dos educandos em contexto transfronteiriço. Esperamos, assim, que as atividades aplicadas no contexto de sala de aula de PLA possam, por meio das práticas translinguajeiras, transculturais e decoloniais recombinar, ressignificar e visibilizar as vozes performadas pelos sujeitos aprendizes e pelo professor, pelas "vozes do Sul", que vêm "de baixo", abrindo possibilidades para que transitem por uma multiplicidade de lugares e colaborem ativamente nas diversas redes configuradas pelos territórios transnacionais.

Dessa forma, houve espaço para o uso plurilíngue dos alunos e professor em sala de aula, compreendendo-se que a prática translíngue é muito mais do que um apoio para o aprendizado, sendo também uma maneira diferente de olhar para as interações como expressivas, transformacionais e inclusivas, visando à justiça social.

Por meio das diversas translinguagens presentes e produzidas por alunos colombianos, este artigo apresentou como a flexibilidade dessas translinguagens pode contribuir para que os alunos tomem a sua voz, transformando-os para lidarem não somente com o ambiente acadêmico onde se encontram, com todos os seus prós e contras, mas também os preparando para os enfrentamentos locais, globais, políticos, sociais e culturais que podem vir a ocorrer em um mundo que, infelizmente, revela-se cada vez mais adverso, desrespeitoso, preconceituoso e rude, principalmente para com aqueles que sempre tiveram suas vozes, línguas e direitos apagados, invisibilizados, silenciados e desvalorizados pelo status quo vigente. As translinguagens produzidas em sala de aula e expostas neste artigo tornam evidente que não se pode separar as práticas de linguagem da maneira como percebemos o mundo, nossa autopoiesis (MATURANA & VARELA, 1998). Torna evidente também a necessidade de assumir um entre-lugar, uma terceira margem legítima, caracterizada pela adaptabilidade às crateras e cumes da conversação, caracterizada pelo espaço e realidade novos e contínuos que vão surgir da interação entre diferentes culturas - a transculturação (SOUZA, 2017)

---

[11] Freire (2015) usou esse termo decolonial "sulear" em referência ao termo "nortear" por uma mera questão ideológica. Neste caso, sua orientação começa pelo Sul, pelo local de onde viemos, sinalizando que o conhecimento também pode partir do Sul para o Norte.

- pela flexibilidade e pela resistência às assimetrias de poder (MIGNOLO, 2013) instaladas pelas práticas linguísticas padronizadas da escola ou da universidade.

Destarte, nasce a urgência em discutirmos, cada vez mais, os papéis das políticas linguísticas, de novas epistemologias nas culturas acadêmicas, de práticas pedagógicas e de sistemas educacionais que não mais consideram as línguas como sistemas obedientes às estruturas dominadoras modernas/coloniais autônomas, fechadas e segmentadas. Não obstante, devemos discutir a necessidade da inclusão das minorias que foram apagadas ou silenciadas pelos discursos dominantes e colonizadores nos espaços transnacionais e transfronteiriços das salas de aula. Não precisamos estar em uma fronteira geográfica para discutirmos todas essas questões. A valorização dos dicursos translíngues presentes em sala de aula pode sensibilizar os estudantes e os professores a habitarem as fronteiras, sejam elas físicas ou emocionais. Podem sensibilizá-los a sentir, a pensar, a performar e a visibilizar a fronteira, não como um lugar que separa e fragmenta, mas sim como um espaço que une, que integra, que inclui e que transforma para a justiça social, estejam esses trans-sujeitos onde estiverem. As fronteiras também habitam dentro de nós mesmos.

Referências bibliográficas

BHABA, H.K. *O local da cultura*. Belo Horizonte: Editora UFMG, 2004.

BLOMMAERT, J. *The sociolinguistics of globalization*. Cambridge: Cambridge University Press, 2010.

CANAGARAJAH, S. *Translingual Practice: Global English and Cosmopolitan Relations*.New York: Routledge, 2013.

EDWARDS, J. *Multilingualism: Understanding Linguistic Diversity*. London: Continuum, 2012.

FREIRE, P. *Pedagogia do Oprimido*. Rio de Janeiro: Paz e Terra, 2013.

FREIRE, P. *Pedagogia da Esperança*. Rio de Janeiro: Paz e Terra, 2015.

GARCÍA, O. *Bilingual education in the 21st Century: A global perspective*. Malden: Wiley-Blackwell, 2009.

GARCÍA, O.; WEI, L. *Translanguaging – Language, Bilingualism and Education*. New York: Palgrave MacMillan, 2014.

MATURANA, H.; VARELA, F. *The Tree of knowledge. The biological roots of human understanding*. Boston and London: Shambhala, 1998.

MENDES, E. (Coord.). MOREIRA, A.; BARBOSA, C. N.; CASTRO, G. N.; *Brasil Intercultural:* Língua e cultura brasileira para estrangeiros. Nível 1. Ciudad Autónoma de Buenos Aires: Casa do Brasil, 2014.

MENDES, E. (Coord.) BARBOSA, C. N.; CASTRO, G. N.; *Brasil Intercultural:* Língua e cultura brasileira para estrangeiros. Nível 2. Ciudad Autónoma de Buenos Aires: Casa do Brasil, 2014.

MIGNOLO, W. L. *Histórias locales/ diseños globales – Colonialidad, conocimientos subalternos y pensamieto fronterizo.* Madrid: Ediciones Akal, S.A., 2013.

MINISTÉRIO DA EDUCAÇÃO; UNIVERSIDADE FEDERAL DA INTEGRAÇÃO LATINO-AMERICANA. *Estatuto da UNILA.* 2012.

ORMAN, J. "New Lingualisms, Same Old Codes." *Language Sciences.* 37: 90-98, 2013.

ORTÍZ, F. *Contrapunteo cubano del tabaco y el azúcar.* Madrid: Cátedra, 2002.
PENNYCOOK, A. "Uma linguística aplicada transgressiva. In: MOITA LOPEZ,

L.P. *Por uma linguística aplicada indisciplinar.* São Paulo: Parábola Editorial, 2006.

PENNYCOOK, A. *Language as Local Practice.* London: Routledge, 2010.

PENNYCOOK, A. *Language Policy and Local Practices.* In: GARCÍA, O.; FLORES, N.; SPOTTI, M. "The Oxford Handbook of Language and Society". New York: Oxford University Press, 2017.

PEREIRA CARNEIRO, C. *Fronteiras irmãs: transfronteirizações na Bacia do Prata.* Porto Alegre: Editora Ideograf, 2016.

QUIJANO, A. *Colonialidad del poder y clasificación social.* In: CASTRO-GOMEZ, S.; GROSFOGUEL, R. (Org.). El giro decolonial: reflexiones para uma diversidad epistémica más allá del capitalismo global. Bogotá: Siglo del Hombre Editores, 2007.

ROSA, J. G. *Primeiras estórias.* Rio de Janeiro: Nova Fronteira, 2015.

SCHLATTER, M.; GARCEZ, P. *Referenciais Curriculares para o Ensino de Língua Espanhola e de Língua Inglesa.* Rio Grande do Sul: Secretaria de Educação do Estado, 2009.

SOUZA, L. T. M de. *Multiliteracies and Transcultural Education.* In: GARCÍA, O.; FLORES, N.; SPOTTI, M. "The Oxford Handbook of Language and Society". New York: Oxford University Press, 2017.

UNIVERSIDADE FEDERAL DA INTEGRAÇÃO LATINO-AMERICANA (UNILA).

Disponível em: *http://unila.edu.br.* Acesso em: 04 de abril de 2017.

http://www.pmfi.pr.gov.br/conteudo/%3bjsessionid%3d62b17adaae e52db1 094cf08d8af7?idMenu=1004. Acesso em 20/04/2017.

<https://pt.wikipedia.org/wiki/L%C3%ADngua_crioula_haitiana> Acesso em 27/01/2017.

.

9. LÍNGUA INGLESA, DISCURSO E ENSINO: APONTAMENTOS SOBRE DOIS PROJETOS DE EXTENSÃO NA UNILA
LAURA FORTES

Introdução

Situada na cidade de Foz do Iguaçu (Paraná), região de fronteira com Ciudad del Este (Paraguai) e Puerto Iguazu (Argentina), a Universidade Federal da Integração Latino-Americana – UNILA – foi criada em 2010 (Lei n° 12.189) e a especificidade de sua missão institucional está baseada numa perspectiva integracionista, que busca privilegiar ações de intercâmbio acadêmico e sociocultural focadas no desenvolvimento educacional e científico da região trifronteiriça e na cooperação solidária com os demais países da América Latina e Caribe. Figuram como características importantes do projeto pedagógico da UNILA: a educação bilíngue português-espanhol, o ensino interdisciplinar e a promoção da interculturalidade (UNILA, 2012; 2013), sem deixar de considerar a necessidade de promover políticas de línguas que contemplem, também, processos de internacionalização do Ensino Superior que têm sido implementados nacionalmente[1]. Nesse sentido, o planejamento de ações de ensino, pesquisa e extensão envolvendo as diferentes línguas que circulam na universidade tem se pautado por linhas de pensamento e de produção de conhecimento alinhadas a tal projeto de integração, abraçando suas possibilidades e, ao mesmo tempo, deixando entrever seus limites.

A partir dessas breves considerações a respeito do que poderíamos compreender como sentidos produzidos por um discurso fundador (ORLANDI, 2001) da instituição, tenho buscado assumir posições que construam pontos de identificação com tais sentidos, (re)significando-os na relação com minha trajetória de formação no campo dos estudos da linguagem – trajetória que se constituiu a partir de um olhar para as questões discursivas envolvendo a língua inglesa e seu ensino. Atuando como docente da área de Letras e Linguística vinculada ao Eixo de Línguas do Ciclo Comum de Estudos da UNILA[2], interessa-me, especialmente, a discussão sobre as políticas linguísticas institucionais, que temos entendido como um processo em/de construção de "políticas de línguas":

---

[1] Cf.: Programa Institucional de Internacionalização (Edital CAPES n° 41/2017).

[2] O Ciclo Comum de Estudos é parte integrante da missão da UNILA, e obrigatório a todos os discentes matriculados na graduação. Com duração máxima de até 3 (três) semestres, a organização e o funcionamento do Ciclo Comum de Estudos contemplam os seguintes conteúdos: Estudo compreensivo sobre a América Latina e Caribe; Epistemologia e Metodologia; Línguas Portuguesa e Espanhola (cf.: UNILA, 2013).

> Quando falamos de Política Linguística enquanto Política de Línguas, damos à língua um sentido político necessário. Ou seja, não há possibilidade de se ter língua que não esteja já afetada desde sempre pelo político. Uma língua é um corpo simbólico-político que faz parte das relações entre sujeitos em sua vida social e histórica. Assim, quando pensamos em política de línguas já pensamos de imediato nas formas sociais sendo significadas por e para sujeitos históricos e simbólicos, em suas formas de existência, de experiência, no espaço político dos sentidos. (ORLANDI, 2007, p. 8)

Nessa perspectiva, a questão política constitui as línguas, produzindo subjetividades e discursividades em determinadas condições sócio-históricas, o que nos leva a concordar com Diniz (2012, p. 43) quando relaciona as políticas de línguas a "diferentes processos de instrumentalização e institucionalização de uma língua". As políticas de línguas constituem, assim, um lugar de significação sobre a língua, em que se (des)legitimam determinados sentidos que vão incidir tanto sobre as práticas de ensino e de aprendizagem quanto sobre os processos de identificação dos sujeitos com as línguas. Temos buscado lançar um olhar sobre tais processos em nosso contexto de atuação na UNILA – especialmente no que concerne ao ensino de português e de inglês –, a partir de reflexões conjuntas com a comunidade acadêmica, e, em especial, com desdobramentos da proposta do *Núcleo Interdisciplinar de Estudos de Língua(gem) e Interculturalidade (NIELI)*[3], que tem dado maior visibilidade aos projetos de pesquisa e de extensão voltados à instrumentalização e/ou institucionalização das línguas na universidade e na região trifronteiriça. Tem sido valiosa, assim, a contribuição do NIELI para discussões sobre políticas de línguas em alinhamento com as complexas demandas do contexto acadêmico multilíngue: desde as demandas impostas pelas discursividades acadêmico-científicas, até aquelas impostas pelos afetos mais ou menos singulares produzidos por imaginários[4] de pertencimento a certas "unidades" ("identidades", "culturas"...).

É no bojo dessas reflexões que se insere a nossa proposta dos Projetos de Extensão *Língua inglesa, discurso e ensino* e *O inglês como prática translíngue: ensino, discurso e subjetividade*, desenvolvidos na UNILA em 2017, e que são objeto de análise deste capítulo. Ambos os projetos adotam um viés teórico discursivo e têm como foco principal o desenvolvimento de atividades acadêmicas voltadas ao estudo da língua inglesa e seu ensino, constituindo espaços de possibilidades de discussão sobre as políticas linguísticas, no âmbito dos

---

[3] Criado em 2017, o NIELI é um Órgão Complementar do Instituto Latino-Americano de Arte, Cultura e História (ILAACH) da UNILA.

[4] Ou seja, daquilo que se apresenta ao sujeito como evidente, pela via da interpelação ideológica e de processos identificatórios que não lhe são acessíveis, por serem inconscientes (cf.: PÊCHEUX [1975] 1988).

processos de instrumentalização e institucionalização mencionados anteriormente. Detalhamos, a seguir, os pressupostos teóricos norteadores das ações vinculadas aos projetos.

Pressupostos teóricos

Os pressupostos teóricos adotados nos projetos de extensão alinham-se às discussões das quais temos participado desde 2003 no Grupo de Estudos e Pesquisa em Língua Estrangeira, Discurso e Identidade – LEDI (USP)[5]. Mais recentemente, também têm contribuído para o embasamento teórico dos projetos as discussões realizadas pelo Grupo de Pesquisa Linguagem, Política e Cidadania (UNILA)[6], que aglutina pesquisas dedicadas ao estudo dos processos de ensino e de aprendizagem de línguas estrangeiras/adicionais, em sua relação com a interculturalidade e com a construção da alteridade, a partir de um viés discursivo.

Ressaltamos o caráter interdisciplinar e transdisciplinar dessas propostas teóricas que, ao privilegiarem análises/abordagens discursivas, têm se proposto ao estudo de questões de língua(gem) em sua relação com a exterioridade, buscando dialogar com diversas áreas do conhecimento, tais como a Linguística Aplicada, a Sociolinguística e a História das Ideias Linguísticas, especialmente no que concerne ao campo dos estudos sobre ensino e aprendizagem de línguas, bilinguismo/multilinguismo, currículo, políticas linguísticas e formação de professores.

Considerando esses pressupostos, os Projetos de Extensão trouxeram para o centro das discussões duas temáticas principais[7]: 1) A globalização e sua influência na construção de imaginários que permeiam os processos de ensino de línguas na contemporaneidade, especialmente a língua inglesa; 2) Os contrastes entre as concepções de língua como sistema/estrutura e as concepções de língua como práticas sociais e como práticas translíngues, por um viés discursivo. A seguir, detalhamos essas temáticas, à luz dos pressupostos teóricos apresentados.

---

[5] Inserido na linha de pesquisa Linguagem, Educação e Sociedade (CNPq), o principal objetivo do grupo LEDI é estudar a relação entre língua estrangeira, discurso e processos identitários, a partir da perspectiva da análise do discurso materialista proposta por Michel Pêcheux.

[6] O Grupo está inserido na linha de pesquisa Política de Linguagem e Integração (CNPq), a qual adota um olhar teórico multidisciplinar em suas investigações sobre as práticas de linguagem na contemporaneidade marcada pelo multilinguismo e pelo multiculturalismo, centrando-se na análise dos processos de elaboração, implementação e avaliação de políticas de linguagem na América Latina.

[7] Essas temáticas foram delineadas inicialmente em minha pesquisa de doutorado e têm sido repensadas e ressignificadas para contemplar as discussões empreendidas pelos projetos de extensão aqui apresentados. As subseções 2.1 e 2.2 se baseiam parcialmente em formulações teóricas desenvolvidas na tese (cf.: FORTES, 2016).

A língua inglesa e os discursos da globalização

Ao analisar as políticas de línguas na América Latina, Guimarães (2001) reflete sobre o processo de "globalização enquanto espaço de produção linguística", engendrando a "ampliação do espaço enunciativo" (GUIMARÃES, 2001, p. 6) em que circulam sentidos constituídos na(s)/pela(s) língua(s) em complexas relações entre si e entre/nos sujeitos.

> O que é a globalização enquanto espaço de produção linguística? É a ampliação do espaço enunciativo de línguas não-só-nacionais. Ou seja, é a ampliação do espaço enunciativo de línguas como o Francês, o Alemão e principalmente o Inglês. E não se trata do inglês simplesmente. É o inglês enquanto língua, primeiramente, dos Estados Unidos. A Língua está marcada por uma geografia hierarquizada. Este processo nos dá de um lado a quebra da relação língua/nação [país] e de outro o espaço substitui, neste movimento, o tempo, a memória, a história. (GUIMARÃES, 2001, p. 6).

Esse é o espaço eminentemente político construído nas discursividades das línguas em que os sujeitos se inscrevem, configurando o que Orlandi (2007) denominou "políticas de línguas", produzindo um deslocamento em relação à noção de "Políticas Linguísticas" da Sociolinguística, como explicamos anteriormente. Desse modo, a identificação do ensino da língua inglesa com discursos da globalização não pode ser interpretada como um "fenômeno natural", mas produzida discursivamente pelas formações ideológicas que regulam as relações entre as línguas.

Ora, os movimentos de significação encontram-se atrelados às complexas dinâmicas sociais, políticas e econômicas das circunstâncias globalizantes (MCCARTHY; KENWAY, 2014) do processo que Guattari ([1977] 1985, p. 211) denominou "Capitalismo Mundial Integrado", caracterizado por uma forma de capitalismo cujos modos de produção e de controle social são desterritorializados. Tal desterritorialização do Capitalismo Mundial Integrado (GUATTARI [1977] 1985) pode ser articulada à conceitualização de "globalização como fábula", desenvolvida pelo geógrafo brasileiro Milton Santos (2000), para quem a globalização é definida como "o ápice do processo de internacionalização do mundo capitalista" (SANTOS, 2000, p. 12).

Esses autores, partindo de diferentes perspectivas, dedicaram-se ao estudo crítico dos processos de globalização econômico-política, pensando-os em sua relação com as forças capitalistas integradas na produção de macropolíticas e micropolíticas implicadas nas relações de poder. Dialogamos com esses autores em nossa pesquisa de doutorado (FORTES, 2016), buscando compreender as condições de produção dos processos de discursivização das práticas de ensino e aprendizagem das escolas bilíngues português-inglês, que, segundo constatamos, encontram-se filiadas a formações discursivas[8] que sustentam sentidos do inglês como "língua internacional". Segundo Pennycook (1994; 2007), a imagem do inglês como "língua internacional" constitui um mito, um modo de produção de metalinguagens que discursivizam, "inventam" a língua, produzindo efeitos nos sujeitos sociais:

> Particularly salient today are claims that English is merely a 'language of international communication' rather than a language embedded in processes of globalization; that English holds promise of social and economic development to all those who learn it (rather than a language tied to very particular class positions and possibilities of development); and that English is a language of equal opportunity (rather than a language that creates barriers as much as it presents possibilities). [...] This thing called English colludes with many of the pernicious processes of globalisation, deludes many learners through the false promises it holds out for social and material gain, and excludes many people by operating as an exclusionary class dialect, favouring particular people, countries, cultures and forms of knowledge" (PENNYCOOK, 2007, p. 100-101).

Segundo o pesquisador, seria preciso, então, "desmitologizar", "desinventar" o inglês para compreender seu processo de discursivização. Mas esse processo de "desinvenção" só seria possível a partir de deslocamentos de sentidos de concepções de língua: uma mudança do paradigma monolíngue, estável, homogeneizante, que tradicionalmente estabeleceu as línguas como sistemas/estruturas, para o paradigma multilíngue, instável, heterogêneo, que tem construído outros olhares sobre as línguas, concebendo-as como práticas sociais, como veremos a seguir.

Concepções de língua na "virada multilíngue"

O atual momento de "pluridisciplinaridade da Linguística Aplicada" (KRAMSCH, 2015, p. 462) tem produzido o surgimento e a ampla circulação de conceitos de língua mais fluidos e heterogêneos, que emergem como possibilidades de dizer sobre a(s) língua(s) e constituem aberturas de novos espaços de discussão da diversidade e da heterogeneidade. São espaços de ressignificação do bilinguismo sustentados ideologicamente pelo que May (2014) denominou a "virada multilíngue" nos estudos da Linguística Aplicada nas duas últimas décadas, caracterizada por um deslocamento do paradigma monolíngue para o paradigma multilíngue, em decorrência da crítica às abordagens predominantes nas teorias de aquisição de línguas estrangeiras.

Nesse paradigma, as línguas passam a ser compreendidas como "práticas

---

[8] Essas formações discursivas produzem representações da língua inglesa ligadas a sentidos de uma língua veicular – uma língua "necessária", "global", "universal" – usada predominantemente para a comunicação com o mundo no contexto da globalização (cf. CELADA, 2008; PAYER, 2005; SOUSA, 2007).

translíngues" (CANAGARAJAH, 2013), como novos modos de comunicação que não se pautam nas unidades linguísticas, mas no espaço de contingência das interações, no qual "a comunicação transcende as línguas individuais" (CANAGARAJAH, 2013, p. 6). O conceito de "prática translíngue" tem começado a circular nos textos de linguistas aplicados brasileiros, que adotam uma visão crítica, mais heterogênea, vinculada a concepções de língua distanciadas do paradigma monolíngue, a fim de pensar questões de ensino e de formação de professores, tais como Rocha e Maciel (2015) em seu artigo sobre o ensino de línguas como prática translíngue; e Cavalcanti (2013), que discute a educação linguística na formação de professores de línguas a partir da perspectiva teórica da intercompreensão e das práticas translíngues.

Rocha e Maciel (2015) apontam contribuições do conceito de "prática translíngue" para promover o distanciamento de visões de língua e de ensino historicamente predominantes no campo da educação, pautadas em noções de "monolinguismo", "negociação", "língua-padrão" e "comunicação", por exemplo. Segundo os autores, conceitos produzidos pelo paradigma do translinguismo estão ganhando maior visibilidade no campo do ensino de línguas estrangeiras recentemente, ressignificando e/ou resistindo a noções estabilizadas como "estrangeiro", "falante nativo", "primeira/ segunda língua", "língua materna" e "língua adicional". Assim, propõem os autores que "o ensino de línguas estrangeiras como prática translíngue se volte a um exercício orientado para a intertextualidade [...] e para a interdiscursividade", constituindo, assim, uma "estratégia de resistência" (criticidade) por meio da qual os sujeitos possam "imprimir suas línguas (sociais), suas vozes, suas subjetividades e identidades" (ROCHA; MACIEL, 2015, p. 432).

Atuando na vertente da Linguística Aplicada "INdisciplinar" (MOITA LOPES, 1998; 2006), que questiona os conhecimentos disciplinares, Cavalcanti (2013, p. 212) propõe que a formação de professores seja pautada numa "educação linguística ampliada, com interfaces para outros campos de estudo, e também para outras áreas de conhecimento, incluindo a sociologia e a antropologia". Daí a importância, segundo a pesquisadora, de pensar a educação linguística do professor como um espaço de formação que deve contemplar conceitos de língua promovidos pelo multilinguismo e pela interdisciplinaridade. Nessa perspectiva, priorizam-se reflexões sobre conceitos propostos pelo paradigma multilíngue "em favor de uma pedagogia que possa romper com posições colonizadoras e homogeneizantes e assim favorecer a participação social e democrática [...] por meio do ensino de línguas" (ROCHA; MACIEL, 2015, p. 414). Foi na direção dessa pedagogia que pensamos os objetivos dos Projetos de Extensão, tais como apresentamos a seguir.

Objetivos principais dos projetos

Os projetos apresentam objetivos comuns, que aglutinamos segundo os propósitos das ações desenvolvidas no decorrer do período de sua vigência. Como demonstramos na seção anterior, partimos de uma base teórica que nos direcionou no processo de elaboração de tais objetivos, tidos não como lugares pré-estabelecidos a se alcançar, mas como caminhos a percorrer, ou, nas palavras de Pêcheux ([1982] 2010), como possibilidades de "gestos de leitura" sobre determinadas questões.

Nesse sentido, o caminho principal traçado foi o da criação de espaços de estudo, reflexão e discussão sobre os discursos em torno da língua inglesa e de seu ensino, a fim de contribuir para a construção de saberes sobre a língua, abordando conceitos mais heterogêneos e abertos, tais como: práticas de translinguagear (GARCÍA, 2009); práticas transidiomáticas (JACQUEMET, 2005); práticas locais (PENNYCOOK, 2010); práticas que emergem de lugares inesperados (PENNYCOOK, 2012; HELLER, 2007); invenções (MAKONI; PENNYCOOK, 2007); práticas translíngues (CANAGARAJAH, 2013); e repertórios linguísticos (BLOMMAERT; BACKUS, 2011). Tais conceitos emergem como possibilidades de dizer sobre a língua no campo da Linguística Aplicada e constituem aberturas de novos espaços de discussão da diversidade, da interculturalidade e da heterogeneidade, especialmente se pensarmos nas complexidades dos contextos multilíngues e interculturais que vivenciamos na UNILA e na região trifronteiriça.

Articulados a esse fio condutor central, outros objetivos importantes almejados por ambos os projetos foram delineados, enfocando questões de subjetividade (o sujeito-aprendiz, o sujeito-professor, etc) e suas relações com a interculturalidade, no que tange às discursividades acadêmico-científicas e didático-pedagógicas especificamente voltadas ao ensino de língua inglesa. Esse objetivo se estendeu à comunidade externa, contribuindo tanto para a formação continuada dos professores de línguas atuando na rede básica de ensino, quanto para a formação pré-serviço dos estudantes dos cursos de Letras de Foz do Iguaçu e região.

Metodologia(s) e ações desenvolvidas nos projetos

Os bolsistas[9] que participaram dos projetos dedicaram-se a ações desenvolvidas por meio das seguintes etapas metodológicas: 1) Elaboração

---

[9] Meus sinceros agradecimentos aos bolsistas: Mildred Astrid Torres Umba, aluna do curso de Graduação em Letras - Artes e Mediação Cultural da UNILA; e Roberth Steven Gutiérrez Murillo, aluno do curso de Graduação em Saúde Coletiva da UNILA. Comprometidos com os projetos, participaram ativamente do planejamento e execução das ações propostas, contribuindo para a (re)construção de saberes sobre as práticas de ensino de línguas em meio às complexidades das discursividades em circulação na instituição e na região trifronteiriça.

de cronogramas para a organização das atividades, tais como estudos teóricos, eventos (oficinas) e cursos; 2) Realização de leituras sobre a língua inglesa como prática translíngue; 3) Leituras sobre a globalização e sua influência na construção de imaginários que permeiam os processos de ensino de línguas na América Latina, especialmente a língua inglesa; 4) Participação em reuniões para discussões teóricas; 5) Elaboração de questionários para o levantamento de dados sobre a comunidade acadêmica; 6) Desenvolvimento de estratégias de divulgação das ações, tanto interna quanto externamente; 7) Planejamento das sequências e materiais didáticos especialmente focados nas condições de produção exigidas por contextos sociolinguísticos latino-americanos, geralmente constituídos por práticas multi/translíngues; 8) Execução das ações didático-pedagógicas planejadas, voltadas à promoção do contato com a língua inglesa por meio de debates, atividades e produções culturais, considerando o ambiente multi/translíngue da UNILA e da região trifronteiriça na qual está inserida. Considerando as etapas metodológicas apresentadas, descrevemos, a seguir, as ações específicas desenvolvidas em cada projeto.

Ações do Projeto *O inglês como prática translíngue: Ensino, Discurso e Subjetividade*[10]

Dentre as ações desenvolvidas no projeto *O Inglês como prática translíngue: ensino, discurso e subjetividade*, destacamos uma sequência de quatro oficinas com carga horária de 2h cada, que intitulamos *Let's talk English! Let's talk Latin-American!* Após a elaboração e aplicação de um questionário online para o levantamento das demandas específicas da comunidade acadêmica em relação à aprendizagem da língua inglesa, delinearam-se as quatro oficinas e planejaram-se as estratégias de divulgação interna e externa (correios eletrônicos, mídias sociais, informativos digitais, cartazes impressos).

Os materiais didáticos adotados para as atividades foram elaborados pelo bolsista, sob supervisão da coordenação do Projeto, em concordância com os objetivos propostos a partir das leituras e discussões teóricas. No decorrer do processo de planejamento e elaboração dos materiais, buscou-se contemplar temáticas latino-americanas em língua inglesa, de acordo com o tópico abordado em cada oficina, a saber:

1. Oficina 1 (21/10/2017): History of some Ex-Mexican states and immigration: Partindo da exibição de um documentário tratando de processos imigratórios nos EUA, os participantes da oficina apresentaram, coletivamente, os pontos principais do vídeo. Em seguida, criou-se um ambiente de debate aberto, com interações em inglês, português e espanhol, no qual os participantes de

---

[10] As ações aqui descritas baseiam-se nos dados apresentados por dois relatórios finais do Projeto *O inglês como prática translíngue: Ensino, Discurso e Subjetividade* apresentados à Pró-Reitoria de Extensão da UNILA por esta coordenação e pelo bolsista Roberth Steven Gutiérrez Murillo, respectivamente.

diversos países (El Salvador, Colômbia, Brasil, Costa Rica) relacionaram os acontecimentos históricos no México com os de seus países de origem, com foco nas diferentes realidades migratórias da região centro-americana e sul-americana. Criou-se, assim, um espaço de discussão intercultural importante para o compartilhamento de ideias e para a construção de um pensamento crítico sobre essa temática.

2. *Oficina 2 (28/10/2017): Our roots behind our music:* A partir da reprodução de músicas em língua inglesa que faziam referência a temas latino-americanos, muitas vezes com produção de sentidos nos limites entre as línguas, criou-se um espaço para discussão sobre algumas formas de expressão interculturais e de práticas translíngues por meio da interpretação e análise coletiva das letras das músicas.

3. *Oficina 3 (11/11/2017): Latin-America through its poetry:* Esta oficina apresentou poemas selecionados de escritores latino-americanos disponibilizados em língua inglesa em meio digital. Coletivamente, foram realizadas leituras e análises dos poemas. A atividade visou oportunizar o contato dos participantes com textualidades não acadêmicas em língua inglesa, produzindo ricas possibilidades de troca intercultural e de práticas translíngues por meio de expressões literárias. As experiências de leitura dos poemas mostraram a multiplicidade de interpretações e de percepções sobre o mesmo texto, dando visibilidade e integrando a diversidade de pensamentos e de ideias entre os participantes.

4. *Oficina 4 (18/11/2017): What country is that?:* Em formato de jogo coletivo, esta oficina apresentou aos participantes enunciados referentes a diversos países latino-americanos, que teriam de ser identificados de acordo com seus conhecimentos prévios a respeito dos referidos países, com temáticas incluindo as seguintes categorias: cultura, demografia, economia, geografia, governo, história e população. Considerando a diversidade cultural vivenciada pelos participantes, a atividade propiciou a criação de um ambiente de compartilhamento de ideias e de aprendizagem coletiva sobre a América Latina, com interações em inglês, português e espanhol. Houve, ao final da atividade, debates sobre os fatos apresentados, oportunizando a construção de uma perspectiva crítica sobre as leituras de processos históricos e políticos que vieram a fazer parte dos imaginários de "nacionalidade" e de "identidade nacional" em países latino-americanos e caribenhos.

Segundo Murillo (2017), um dos maiores desafios para o desenvolvimento do projeto manifestou-se nas baixas taxas de comparecimento às oficinas[11], não obstante o grande número de interessados registrados em levantamento prévio junto à comunidade acadêmica. Faz-se necessário, portanto, um estudo mais aprofundado sobre os motivos dessas ausências e desistências,

---

[11] Estiveram presentes apenas cerca de cinco a dez participantes em cada oficina.

considerando fatores diferentes daqueles já estudados (disponibilidade de tempo para atividades extracurriculares, local e horário de realização das atividades, etc.). De qualquer modo, as ações de ensino de língua inglesa promovidas pelo projeto constituíram ricas experiências e pautaram-se em uma pedagogia que buscou a horizontalização da relação professor-aluno, a qual facilitou a participação coletiva para o desenvolvimento de habilidades orais e escritas por meio das práticas didáticas propostas. Ao tomar a multiculturalidade linguística latino-americana como um ponto de partida para a compreensão da presença da língua inglesa como parte da sua cultura e identidade, os debates promovidos pelas oficinas contribuíram para uma reflexão sobre a diversidade da língua inglesa, enquanto práticas translíngues (CANAGARAJAH, 2013), práticas locais (PENNYCOOK, 2010), ou seja, "um processo em constante construção" no qual os sujeitos se inserem para produzir sentidos.

Diante dessa experiência, Murillo (2017) ressalta que o ensino de línguas adicionais na UNILA, em especial, de língua inglesa, encontra-se em processo de aperfeiçoamento e de consolidação. Daí a importância de projetos-piloto dessa natureza, pois podem servir de base para a elaboração de futuros programas interdisciplinares de extensão universitária que tenham como principal objetivo não apenas o ensino de línguas, mas, sobretudo, a construção de políticas de línguas na instituição e na(s) comunidade(s) que fazem parte de seu entorno.

Ações do Projeto _Língua inglesa, discurso e ensino_[12]
Dentre as ações desenvolvidas no projeto _Língua inglesa, discurso e ensino_, destacamos uma sequência de quatro oficinas com carga horária de 2h cada, que intitulamos _Repensando o ensino de língua inglesa: ciclo de rodas de conversa_. As temáticas propostas pela bolsista para as oficinas refletiram as leituras e as discussões empreendidas no decorrer do projeto, que se voltaram ao estudo da língua inglesa e seu ensino por um viés discursivo, ou seja, por uma perspectiva crítica que desafiasse as concepções de língua como estrutura, como sistema fechado, e, em contrapartida, defendesse concepções de língua como práticas inerentes às interações sócio-discursivas e como práticas translíngues, como argumentam Canagarajah (2011, 2013), Rocha e Maciel (2015), Cavalcanti (2013), Pennycook (2007; 2010), Pennycook e Otsuji (2010), Mejía (2012), Jordão (2014) e Rajagopalan (2003; 2015). A partir das discussões teóricas, foram selecionados trechos de textos a ser compartilhados com os participantes das rodas de conversa, a fim de discutir questões de ensino e de propor a elaboração coletiva de materiais didáticos

---

[12] As ações aqui descritas baseiam-se nos dados apresentados por dois relatórios finais do Projeto _Língua inglesa, discurso e ensino apresentados_ à Pró-Reitoria de Extensão da UNILA por esta coordenação e pela bolsista Mildred Astrid Torres Umba, respectivamente.

para contemplar a diversidade dos contextos sociolinguísticos latino-americanos, marcados, em geral, pelo multilinguismo e pelo translinguismo. Nesse sentido, foi essencial considerar a interculturalidade e a interdisciplinaridade como aspectos cruciais para a abordagem discursiva empreendida pelo projeto.

A metodologia adotada para a realização das rodas de conversa[13] pautou-se em sequências didáticas organizadas em quatro momentos: 1) leitura e análise coletiva de partes de textos teóricos que abordam de maneira crítica diversos temas relacionados com o objetivo do projeto; 2) debate das críticas propostas pelos textos e proposição de questionamentos provocando discussões construtivas entre os participantes; 3) apresentação e análise de diferentes atividades selecionadas de livros didáticos de inglês; 4) proposta de um processo de rescrita e a produção de novos materiais didáticos.

Descrevemos, abaixo, as atividades desenvolvidas em cada oficina:

1. Oficina 1 (11/11/2017): Mudando o discurso no ensino da língua inglesa: Nesta oficina, trabalhou-se a leitura, análise e debate de trechos selecionados do texto teórico *The myth of English as an international language* (PENNYCOOK, 2007). Em seguida, foram apresentadas diferentes atividades selecionadas de livros didáticos de inglês com o fim de analisar como suas textualidades constroem o imaginário do "*American lifestyle*". Finalmente, os participantes se engajaram em um processo de rescrita para a produção de novos materiais didáticos sobre as temáticas discutidas.

2. Oficina 2 (18/11/2017): O papel do professor nas políticas linguísticas: Nesta oficina, trabalhou-se a leitura, análise e debate de trechos selecionados do texto teórico *Por que os professores de língua estrangeira precisam ter uma perspectiva multilíngue e o que isto significa para sua pratica de ensino* (KRAMSCH, 2014). Num segundo momento, foram apresentadas diferentes atividades selecionadas de livros didáticos de inglês, a fim de analisar como suas textualidades constroem o imaginário de "*family*". Ao final da oficina, os participantes se engajaram em um processo de reescrita para a produção de novos materiais didáticos sobre as temáticas discutidas.

3. Oficina 3 (25/11/2017): Ensino de línguas voltado ao contexto social da tríplice fronteira: Nesta oficina, trabalhou-se a leitura, análise e debate de trechos selecionados do texto teórico *O professor de inglês e os letramentos no século XXI: Métodos ou ética?* (MENEZES DE SOUZA, 2011). Em seguida, foram apresentadas diferentes atividades selecionadas de livros didáticos de inglês com o fim de analisar como suas textualidades constroem o imaginário de "*professions/jobs*". Finalmente, os participantes se engajaram em um processo de reescrita para a produção de novos materiais didáticos sobre as temáticas

---

[13] A divulgação das atividades foi feita por meio de correios eletrônicos, mídias sociais, informativos digitais, cartazes impressos. Além disso, a bolsista visitou escolas da rede básica de ensino de bairros próximos à universidade, a fim de convidar pessoalmente os diretores e professores a participar.

discutidas.

4. Oficina 4 (02/12/2017): "World Englishes": Uma proposta de diversidade?: Nesta oficina, trabalhou-se a leitura, análise e debate de partes do texto teórico *The identity of "world" Englishes* (RAJAGOPALAN, 2009). Em seguida, foram apresentadas diferentes atividades selecionadas de livros didáticos de inglês com o fim de analisar como a diversidade da língua inglesa é representada. Finalmente, os participantes se engajaram em um processo de reescrita e na gravação de material didático em áudio (*Listening material*) que pudesse dar mais visibilidade à diversidade dos "*Englishes*" presentes na rotina dos alunos da nossa região.

Embora avalie de forma positiva todas as etapas de realização do projeto, Umba (2018) analisa os baixos índices de participação nas atividades,[14] enfatizando a necessidade de se pensar em modos de aproximação da comunidade interna e externa para participar desse tipo de iniciativa, a fim de fortalecer os laços da universidade com seu entorno. Entretanto, ainda segundo a bolsista, o projeto teve o mérito de oportunizar um espaço de reflexão importante para a sua formação enquanto estudante de graduação na área de Letras, produzindo articulações teóricas e metodológicas que ajudaram a construir uma concepção de ensino de língua inglesa como um processo de transformação social, uma vez que questiona os discursos colonizadores e, ao mesmo tempo, não perde de vista as práticas educativas, em sua relação intrínseca com a formação de professores. A partir desse enfoque discursivo, foi possível dialogar com a comunidade e compreender as visões dos professores de língua inglesa atuando em diferentes contextos, tais como escolas públicas, escolas privadas e institutos de idiomas, levando ao compartilhamento de saberes e práticas. Os debates realizados nas rodas de conversa contribuíram para a construção de uma visão mais crítica a respeito das ideologias e discursividades que perpassam as metodologias de ensino de língua inglesa adotadas mundialmente. Desse modo, as rodas de conversa desdobraram-se em reflexões sobre a relevância de se considerar as diferentes realidades dos estudantes na elaboração de materiais didáticos, a fim de possibilitar a constituição de pontos de identificação nos quais o estudante poderá se ancorar para inserir-se de modo singular na nova língua em seu processo de aprendizagem.

Concluindo sobre o projeto, Umba (2018) enfatiza seu potencial inovador, no que tange à abertura de espaços de discussão sobre (os discursos sobre) as práticas de ensino de língua inglesa, num movimento de construção de contradiscursos que colocam em cheque os sentidos hegemônicos em torno dessa língua: sentidos de "superioridade" filiados historicamente às formas de dominação implicadas na colonização e, mais recentemente, no

---

[14] Em média, cada oficina contou com o comparecimento de apenas três a cinco participantes, entre professores(as) da comunidade externa e estudantes da UNILA.

que se tem nomeado como "globalização". Em contrapartida, a experiência do projeto nos deu indícios de que é possível produzir outros sentidos para os processos de ensino e de aprendizagem da língua inglesa, considerando-os como práticas transculturais e translíngues nas quais os sujeitos – tanto professores quanto aprendizes – constantemente se implicam, se deslocam e se (re)significam.

Considerações finais

Como procuramos demonstrar, os projetos de extensão analisados buscaram construir um olhar discursivo por meio do qual pudéssemos aprofundar as reflexões a respeito de um imaginário que constitui as práticas de ensino voltadas ao ensino de línguas no Brasil, em nossa região e na universidade. Para tanto, foi necessário desenvolver, junto aos bolsistas participantes dos projetos, uma interlocução com outras áreas do conhecimento por meio de estudos orientados à interdisciplinaridade, à integração e à interculturalidade para contemplar a diversidade das práticas de língua(gem) em contextos multilíngue/translíngues, em alinhamento com o projeto institucional da UNILA. Como evidenciam os relatos dos bolsistas, tais experiências de construção de saberes, vivenciadas e compartilhadas por meio desses projetos de extensão, apontam a importância de se considerar as dimensões que constituem o falar e o fazer sobre as línguas: historicidade, subjetividade, ideologia (CARMAGNANI; GRIGOLETTO, 2013).

Concluímos que tanto a proposição das análises discursivas quanto as intervenções didático-pedagógicas pautadas na interculturidade puderam estimular debates sobre a língua inglesa e seu ensino, oferecendo possibilidades de enfrentamento aos discursos hegemônicos que historicamente se estabeleceram como um lugar de constituição de subjetividades coloniais nas diversas pedagogias voltadas ao ensino de línguas na América Latina. Diante do exposto, resta-nos avançar na compreensão das discursividades sobre a língua inglesa e seu ensino, considerando as condições de produção apresentadas pelas políticas de línguas da UNILA e pelas práticas de língua(gem) nas quais os sujeitos estão inseridos.

Referências bibliográficas

BLOMMAERT, J.; BACKUS, A. Repertoires revisited: 'Knowing language' in superdiversity. In: **Working Papers in Urban Language & Literacies**. Paper 67, p. 1-26, 2011.

BRASIL, **Lei nº 12.189**, de 12 de janeiro de 2010. Dispõe sobre a criação da Universidade Federal da Integração Latino-Americana - UNILA e dá outras providências. Disponível em: http://www.planalto.gov.br/ccivil_03/_ato2007-2010/2010/Lei/L12189.htm>. Acesso em 17 fev.2018.

CANAGARAJAH, S. **Translingual Practice:** Global Englishes and

Cosmopolitan Relations. New York and Abingdon: Routledge, 2013.

CANAGARAJAH, S. (2011). Translanguaging in the classroom: Emerging issues for research and pedagogy. **Applied Linguistics Review**, 2, pp. 1-28. 2011. Disponível em <https://www.degruyter.com/downloadpdf/j/alr.2011.2.issue-1/9783110239331.1/9783110239331.1.pdf>. Acesso em 27. ago 2017.

CARMAGNANI, A. M. G.; GRIGOLETTO, M. (Orgs.). **Língua, discurso e processos de subjetivação na contemporaneidade.** São Paulo: Humanitas, 2013.

CAVALCANTI, M. C. Educação linguística na formação de professores de línguas: intercompreensão e práticas translíngues. In: MOITA LOPES, L. P. da (Org.). **Português no século XXI: cenário geopolítico e sociolinguístico**. São Paulo: Parábola Editorial, 2013. p. 211-226.

CELADA, M. T. O que quer, o que pode uma língua: língua estrangeira, memória discursiva, subjetividade. In: **Letras**, Santa Maria, v. 18, n. 2, p. 145–168, jul./dez. 2008.

DINIZ, L. R. A. **Política linguística do Estado brasileiro na contemporaneidade:** a institucionalização de mecanismos de promoção da língua nacional no exterior. Tese (Doutorado). Instituto de Estudos da Linguagem, Unicamp. Campinas, SP, 2012.

FORTES, L. **Entre o silêncio e o dizível:** um estudo discursivo de sentidos de bilinguismo, educação bilíngue e currículo em escolas bilíngues português-inglês. 2016. 444 f. Tese (Doutorado) – Faculdade de Filosofia, Letras e Ciências Humanas, Universidade de São Paulo, São Paulo, 2016.

GARCÍA, O. **Bilingual education in the 21st century:** a global perspective. Hong Kong: Wiley-Blackwell, 2009.

GUATTARI, F. [1977] O capitalismo mundial integrado e a revolução molecular. In: _____. **Revolução molecular:** pulsações políticas do desejo.Tradução de Suely Belinha Rolnik. 2.ed. Brasiliense, São Paulo, 1985.

GUIMARÃES, E. Política de Línguas na América Latina. **Relatos 7**, Campinas-HIL/UNICAMP, n. 7, p. 5-11, 2001. Disponível em: <http://www.iel.unicamp.br/cefiel/alfaletras/biblioteca_professor/arquivos/42Politica%20de%20Linguas%20na%20America%20Latina.pdf>. Acesso em 16 jan. 2012.

HELLER, M. (Org.) **Bilingualism:** a social approach. Basingstoke: Palgrave Macmillan. 2007.

JACQUEMET, M. Transidiomatic practices: language and power in the adge of globalization. **Language and communication**, 25 (3), 2005. p. 257-277.

JORDAO, C. M. ILA - ILF - ILE - ILG: quem dá conta?. **Rev. bras. linguist. apl.**, Belo Horizonte, v. 14, n. 1, p. 13-40, Mar. 2014.

Disponível em <http://www.scielo.br/scielo.php?script=sci_arttext&pid=S1984-63982014000100002&lng=en&nrm=iso> Acesso em 27 Ago. 2014.

KRAMSCH, C. Por que os professores de língua estrangeira precisam ter uma perspectiva multilíngue e o que isto significa para sua prática de ensino. In: CORREA, D. A. (Org) **Política linguística e ensino de língua**. Campinas, SP: Pontes Editores, 2014. p. 09-18.

KRAMSCH, C. Applied Linguistics: A Theory of the Practice. **Applied Linguistics,** v. 36, n. 4, p. 454-465, September, 2015.

MAKONI, S.; PENNYCOOK, A. Disinventing and reconstituting languages. In: _____. (Orgs.). **Disinventing and reconstituting languages.** Clevedon, Buffalo, Toronto. Multilingual Matters LTD, 2007. p. 1-41.

MAY, S. Disciplinary divides, knowledge construction, and the multilingual turn. In: _____. (Org.). **The Multilingual Turn:** implications for SLA, TESOL and bilingual education. New York; London: Routledge, 2014. p. 7-31.

MCCARTHY, C; KENWAY, J. Introduction: understanding the re-articulations of privilege over time and space. **Globalisation, Societies and Education.** 2014, 12 (2):165-76. doi: 10.1080/14767724.2014.893188.

MEJÍA, A.-M. de. English language as intruder: the effects of English language education in Colombia and South America - a critical perspective. In: RAPATAHANA, V.; BUNCE, P. (Orgs.), **English Language as Hydra**: its Impacts on non-English language cultures. Multilingual Matters: Bristol, 2012. p. 244-254.

MENEZES DE SOUZA, L. M. T. O professor de inglês e os letramentos no século XXI: Métodos ou ética? In C. Jordao, R. Halu, & Martinez, J. (Eds.), **Formacao "desformatada":** práticas com professores de língua inglesa (pp. 279-304). Campinas: Pontes, 2011.

MOITA LOPES, L. P. A transdisciplinaridade é possível em Linguística Aplicada? In: SIGNORINI, I.; CAVALCANTI, M. C. (Orgs.) **Linguística Aplicada:** perspectivas. Campinas: Mercado de Letras, 1998.

MOITA LOPES, L. P. (Org.) **Por uma linguística aplicada indisciplinar**. São Paulo: Parábola Editorial, 2006.

MURILLO, R. S. G. **Relatório de Discente de Extensão da Ação de Extensão:** PJ079-2017 - O inglês como prática translíngue: ensino, discurso e subjetividade. Universidade Federal da Integração Latino-Americana – UNILA. Foz do Iguaçu, 2017.

ORLANDI, E. P. (Org.) **Discurso fundador**: a formação do país e a construção da identidade nacional. 2. ed. Campinas, SP: Pontes, 2001.

ORLANDI, E. P. Há palavras que mudam de sentido, outras... demoram mais. In: _____. **Política linguística no Brasil.** Campinas, SP. Pontes, 2007.

PAYER, M. O. Linguagem e sociedade contemporânea: sujeito, mídia, mercado. **Revista Rua,** Núcleo de Desenvolvimento da Criatividade da Unicamp, n. 11, p. 9-25, mar. 2005.

PÊCHEUX, M. [1975] **Semântica e discurso**: uma crítica à afirmação do óbvio. Trad. Eni Pulcinelli Orlandi, Lourenço Chacon Jurado Filho, Manoel Luiz Gonçalves Corrêa, Silvana Mabel Serrani. Campinas: Editora da UNICAMP, 1988.

PÊCHEUX, M. [1982] Ler o arquivo hoje. In: ORLANDI, E. (org.) [et al.] **Gestos de leitura**: da história no discurso. 3ª ed. Campinas, SP: Editora da Unicamp, 2010. p. 49-59.

PENNYCOOK, A. **The cultural politics of English as an international language**. London; New York: Longman, 1994.

PENNYCOOK, A. The Myth of English as an International Language. In: PENNYCOOK & MAKONI, S. (Ed.) **Desinventing and Reconstituting Languages.** Clevendon: Multilingual Matters, 2007, p.90-115.

PENNYCOOK, A. **Language as a local practice**. New York: Routledge, 2010.

PENNYCOOK, A. **Language and mobility:** unexpected places. Bristol: Multilingual Matters, 2012.

PENNYCOOK, A; OTSUJI, E. Metrolingualism: fixity, fluidity and language in flux. **International Journal of Multilingualism,** v. 7, n. 3, p. 240-254. 2010.

RAJAGOPALAN, K. (2003), The ambivalent role of English in Brazilian politics. **World Englishes**, 22: 91–101. doi:10.1111/1467-971X.00281

RAJAGOPALAN, K. The identity of "world" Englishes. New **Challenges in Language and Literature**, FALE/UFMG, 2009. p. 97-107.

RAJAGOPALAN, K. On the challenge of teaching English in Latin America with special emphasis on Brazil. In: Damian Rivers. (Org.). **Resistance to the Known:** Counter-Conduct in Language Education. London. Palgrave Publishers, 2015, p. 121-143.

ROCHA, C. H.; MACIEL, R. F. Ensino de língua estrangeira como prática translíngue: articulações com teorizações bakhtinianas. **DELTA: Documentação de Estudos em Linguística Teórica e Aplicada,** v. 31, p. 411-445, 2015.

SANTOS, M. **Por uma outra globalização:** do pensamento único à consciência universal. Rio de Janeiro: Record, 2000.

SOUSA, G. de N. e. **Entre línguas de negócios e de cultura**: sentidos que permeiam a relação do brasileiro com a língua inglesa e a espanhola.

2007. Dissertação (Mestrado). Faculdade de Filosofia, Letras e Ciências Humanas Universidade de são Paulo, São Paulo, 2007.

UMBA, M. A. T. **Relatório de Discente de Extensão da Ação de Extensão:** PJ106-2017 – Língua inglesa, discurso e ensino. Universidade Federal da Integração Latino-Americana – UNILA. Foz do Iguaçu, 2018.

UNIVERSIDADE FEDERAL DA INTEGRAÇÃO LATINO-AMERICANA (UNILA). **Estatuto da Universidade.** Foz do Iguaçu, 2012.

UNIVERSIDADE FEDERAL DA INTEGRAÇÃO LATINO-AMERICANA (UNILA). **Regimento Geral da Universidade.** Foz do Iguaçu, 2013.

10. CULTURA-VALORES-EDUCACIÓN: UNA TRÍADA EN PERSPECTIVA INTERCULTURAL
MARIA LUZ MEJIAS HERRERA

Introducción

Los desafíos existentes en el contexto mundial actual indican que estamos asistiendo a un giro hacia la interculturalización de la filosofía, de la cultura, de los saberes, de los enfoques de géneros y de otras esferas de la vida social. Es un hecho palpable además, que la lucha por la diversidad cultural se extiende sobremanera en su perspectiva de resignificar las luchas y los valores de los pueblos originarios, desclasados y también desfasados en gran medida del proceso civilizatorio de nuestras naciones.

Estas razones ameritan un enfoque intercultural como forma de análisis para la comprensión de los procesos que complementan la interculturalidad. Este término no es nuevo en el discurso cultural y filosófico latinoamericano, pero hoy se le agregan otros conceptos que en su estrecha relación, complementan una claridad teórica acerca de cómo proceder en los ámbitos educativos, culturales, axiológicos.

El abordaje y, por consiguiente, tratamiento de esta perspectiva, necesaria en los sistemas curriculares, extensionistas y proyectos pedagógicos, recaba de una necesaria exposición acerca de cómo articular tres procesos básicos que coadyuvan a la direccionalidad del tema central de este artículo.

La cultura, la educación y los valores son conceptos y procesos que se argumentan en una triada que tributa al enfoque intercultural como praxis transformadora, como diálogo y convivencia justa.

Cultura y desarrollo como procesos esenciales de la praxis intercultural

El panorama mundial actual se encuentra signado por urgencias críticas que perfilan un conjunto de complejidades, muchas de ellas irracionales, que indican los peligros y desafíos del mundo contemporáneo.

La existencia de diferentes esquemas de pensamiento para analizar y valorar las problemáticas actuales, conllevan a una marcada polarización a la hora de abordar teóricamente estos temas: de un lado persiste la tendencia dominadora que defiende la posición utilitarista desde el punto de vista ético y político, para sustentar la desvalorización del ser humano y de las propias relaciones sociales, ignorando que en la propia lógica irracional del sistema de dominación múltiple que prevalece, se encubre todo un sistema autodestructivo, amenazante para la humanidad.

Desde una perspectiva diferente, la lucha por la emancipación humana se ha convertido en uno de los imperativos de primer orden. El neoliberalismo como forma de organización del capitalismo a partir de sus mecanismos y modelos de dominación, pretende perpetuar la creencia de que constituye la única alternativa para superar los problemas económicos y sociales que agobian especialmente a los países del tercer mundo.

Ante esta controvertida situación, la humanidad ha tenido que implementar la búsqueda de nuevos referentes políticos, ideológicos y teóricos que incentiven la reflexión y el discurso académico en función de conformar una estrategia que pueda dar respuesta a las siguientes interrogantes:

-¿Cómo hacer más humanas las relaciones sociales?

-¿Por qué es de vital importancia en el contexto mundial actual asumir y reinterpretar con nuevos enfoques los conceptos de cultura- educación y valores?

No se trata solamente de buscar nuevos condicionamientos para explicar la dinámica del mundo a partir de estos conceptos, sino de interiorizar que esta tríada, vista en su justa interrelación, potencia la condición humana y el propio desarrollo del hombre.

Por tal razón, resulta muy difícil desde la lógica de todo un pensamiento que se forma en la interacción con un contexto tercermundista, pensar al margen de la realidad. Así, estos conceptos, junto a la Filosofía, se tornan críticos de la propia realidad y asumen un compromiso intelectual, ético y político, al tiempo que acompañan las acciones concretas para enfrentar el reto enorme que significa constituir un pensamiento emancipatorio.

La necesidad actual de establecer formas de convivencias humanas justas, estables y esperanzadoras no es sólo un ejercicio intelectual, sino una exigencia que la propia vida impone para definir rumbos. Los alcances y logros de la actividad creadora humana son hoy más que nunca exponentes del progreso social de la humanidad.

La época actual se caracteriza por un creciente proceso de internacionalización de la vida social y de la cultura, que tiene sus raíces en la producción industrial, en los avances técnicos, en el desarrollo de los medios de comunicación, en el establecimiento de nexos cada vez más estrechos en la economía mundial, en los logros inusitados de la ciencia contemporánea y de la educación a nivel internacional.

Todo ello es una muestra indiscutible de la progresiva integración cultural que tiene lugar en la humanidad, lo que determina la necesidad de abordar la relación cultura- educación-valores como expresión universal del progreso social., y como una perspectiva intercultural.

Vivimos en un mundo de profundas contradicciones y antagonismos, de diferencias sustanciales de índole sociocultural entre los pueblos, donde el desarrollo de unos contrasta con la miseria, la dependencia y el atraso de otros, al tiempo que el desarrollo económico de algunas naciones es la condición del subdesarrollo sociocultural de otras.

Uno de los peligros que estamos enfrentando es la destrucción de las culturas locales y regionales, unido a la eliminación irracional de los recursos naturales, el manejo igualmente irracional de los problemas medioambientales y la penetración cultural foránea, interventora y deseosa de aniquilar las expresiones culturales originales y auténticas.

Es de sumo interés en nuestros días asumir entonces el enfoque de la cultura como medida de la dominación del hombre, de sus condiciones de existencia histórico-concretas (GUADARRAMA, 2006). Así, la conciencia social contemporánea podrá brindar un análisis desalienador a partir de la diversidad de criterios, posiciones teóricas y epistemológicas.

Estas consideraciones nos permiten aseverar que existe un contenido teórico, filosófico y ético entre los conceptos que estamos manejando, premisa imprescindible para enfrentar los retos del mundo contemporáneo. Preferimos pues, enfocar la problemática de la cultura a partir del examen filosófico, sosteniendo el criterio de que este responde a motivaciones teórico-cognoscitivas y práctico-ideológicas. Esta direccionalidad permitirá aclarar las ideas que sostiene la autora en cuanto a la valoración crítica y el compromiso ideológico que lleva implícito el término.

El concepto de cultura, tal y como lo asumimos, abarca todo lo referido a la elaboración y a la actividad creadora del hombre. El mundo cultural es el mundo del hombre mismo, un mundo que es resultado de la actividad histórico-social, donde el hombre actúa como principio activo, creador y consciente.

A su vez, el nexo de la cultura con toda la actividad que desarrolla socialmente el hombre no conduce a reducirla a los resultados de su actividad material y espiritual (RODRÍGUEZ, 1990). La cultura incluye como momento esencial la propia actividad creadora así como el conjunto de medios, capacidades y mecanismos a través de los cuales tiene lugar la actividad humana.

Por lo tanto, al enfocar el concepto desde esta óptica, no lo reducimos a lo que es capaz de crear el hombre, ni a las normas, valores e ideales que se materializan en el lenguaje, en los libros, en la actividad artística, entre otras. Los objetos y medios de la actividad humana pueden ser considerados fenómenos culturales solo en la medida en que se vinculan con el hombre. Esto significa que la cultura actúa realmente como característica del hombre y como medida de su desarrollo profesional, moral y espiritual.

El nexo indiscutible que le atribuimos al hombre con la cultura permite incluir en este nivel de análisis, otro término de gran importancia: el desarrollo. Por ello, también podemos caracterizar a la cultura como desarrollo humano y como medida de autodesarrollo del hombre. De este modo, el mundo cultural constituye un índice del nivel de desarrollo social y sirve de base para la formación y educación de las nuevas generaciones, en la medida en que puedan descosificar y asimilar su contenido, e incluirlo en su propio desarrollo.

Es preciso advertir que aunque no nos apartamos de la tradición ilustrada de concebir la cultura como cultura del individuo, pretendemos explicar el fenómeno cultural como un proceso de asimilación y apropiación de la herencia cultural, donde tratamos con la cultura humana que existe objetivamente y que cada individuo hace suya, se la apropia. (PLÁ, 2002).

El proceso de asimilación de patrones y normas culturales incluye tanto los elementos cognoscitivos como los valorativos. El hombre en la medida en que actúa y crea, está buscando también la forma de hacerlo mejor. Esto ya implica una posición crítica, una posición valorativa respecto a las relaciones específicas que sostiene el hombre con el mundo.

Por tanto, en la dinámica de lo que acontece en el panorama mundial actual, resulta de sumo interés proyectar los enfoques sobre la cultura como un aspecto cualitativo de la sociedad y de sus fenómenos. Precisar la especificidad de la cultura en relación con los cambios sociales es lo que permite situarla como un estado cualitativo de la sociedad en cada etapa de su desarrollo.

A su vez, el hecho de comprender la historia humana como un proceso único de carácter progresivo en el que se suceden diferentes etapas sociales, permite valorar, comparar y clasificar las diferentes etapas históricas de la sociedad. El fundamento que posibilita llevar a cabo esta valoración es el propio concepto de cultura, en la medida que expresa el desarrollo histórico y las potencialidades esenciales del hombre.

Lo expuesto hasta aquí permite aseverar que existe un estrecho vínculo entre la cultura y el progreso social. Por esta razón no puede desestimarse su contenido ni relegarse su protagonismo en los profundos análisis que se realicen en torno a las problemáticas mundiales que nos asisten .La cultura pues, actúa como un criterio importante del desarrollo social. De igual manera, el progreso social se caracteriza por el desarrollo y la formación progresiva de la libertad; la cultura por tanto, expresa el nivel de libertad de la sociedad y de la personalidad humana, al punto de que podemos plantear que cada paso en el camino de la cultura es un paso hacia el alcance de la libertad.

El enfoque auténtico e histórico de la cultura permite a su vez explicar la lógica del devenir del proceso histórico cultural. Aquí, la asimilación de los elementos culturales que forman parte del pasado no puede oponerse al presente. Lo importante aquí resulta dilucidar hasta qué punto el pasado y el presente puede conformar una visión futura del proceso cultural, donde la conservación de la memoria histórico-cultural siente las bases reales de la integración cultural y pueda eliminar las formas enajenadas que frenan el desarrollo de la condición humana.

Visto de esta forma, el desarrollo cultural tiende a la integración de la cultura, a la eliminación de las formas enajenantes de la misma e impide que esta sea utilizada con fines de dominación. Por tanto, podemos plantear que la cultura es el resultado de la actividad de toda la humanidad donde intervienen todos los hombres. Por esta razón, todo hombre es digno de elevarse a los niveles más altos de la cultura universal.

El avance de la humanidad está ligado indisolublemente a la eliminación de las formas enajenadas de la cultura, a la transformación de la cultura en un auténtico elemento de liberación plena del hombre. Sin embargo, la globalización neoliberal profundiza de manera progresiva el proceso de enajenación humana y socio-cultural en general. Existe una acuciante tendencia a la imposición de la cultura del mercado, del consumismo, cuestión que trae aparejado el desarraigo de los pueblos en detrimento de su sentido identitario.

En medio de todo este panorama, la cultura tiene mucho que aportar y realizar en pos de su propia existencia. Por tal motivo, comparto los criterios que arguyen que la aprehensión cultural cuando está huérfana de ideas y propósitos raigales mata la creación humana. La globalización neoliberal lo único que puede ¨ aportar´´ es el intercambio de actividad y productos enajenados y con ello, la crisis de valores y los vacíos existenciales (PUPO, 2009).

Frente a las nefastas consecuencias que trae consigo los intentos hegemónicos de la cultura, es menester desarrollar una cultura humanista de resistencia, capaz de plantear nuevas alternativas. Estos referentes cobran hoy una dimensión muy importante en varios escenarios mundiales, en los cuales, la lucha por la emancipación de los excluidos se ha convertido en un imperativo de primer orden.

Actualmente y sobre todo, en el contexto latinoamericano, junto a las polémicas sobre la identidad cultural, se ha acuñado en el ámbito académico el término ¨ cultura de la resistencia¨ para explicar el proceso de elaboración ideológica transmitida como herencia a determinados agentes sociales que la asumen en forma de rechazo a lo artificialmente impuesto, de asimilación de lo extraño cuando sea compatible con lo propio y, por consiguiente, de desarrollo cultural, de creación de lo nuevo por encima de lo heredado (GONZÁLEZ, 2009).

Es pertinente aclarar que el proceso de resistencia se perfila como búsqueda, como movimiento de ideas que no niega el fenómeno cultural en sí pero sobre todo destaca las manifestaciones en el plano político-ideológico, enfatizando en toda una tradición de pensamiento que se resiste a una dominación impuesta (GONZÁLEZ, 2009). Estas ideas manifiestan la resistencia del hombre a asumir modelos culturales foráneos que expresen relaciones de dominación que impidan la búsqueda de un proyecto propio en la diversidad cultural.

Una nueva forma de comprender los procesos culturales latinoamericanos se enfoca y estudian actualmente desde los posicionamientos de la interculturalidad, (FORNET, 2008)). Lo intercultural exige un nuevo redimensionamiento de las prácticas culturales y de la propia enseñanza, donde el diálogo entre las culturas potencie a grado sumo el aprendizaje y se convierta en una forma de ejercitar prácticas culturales de autorreconocimiento. Es también una nueva forma de proyectar la filosofía, que como bien expresa Fornet- Betancourt, supere lo acrítico y la acumulación tradicional de conocimientos para dialogar en el contexto de las urgencias contextuales, con el objetivo de movilizar las luchas por la diversidad cultural de los pueblos.

La interculturalidad, vista de esta forma coloca a la Filosofía y a la educación frente a nuevos imperativos que tienen que ver ineludiblemente con el diálogo con el pasado y la memoria histórico-cultural, con las prácticas actuales, ya sean a nivel de la enseñanza escolar, en el ámbito universitario o en la esfera de la investigación. Esta perspectiva promueve el trabajo curricular, investigativo y didáctico tomando en consideración la diversidad cultural existente en América Latina.

Visión de la interculturalidad desde el proceso educativo

Tanto la Filosofía como los sistemas educativos que se instrumentan hoy en nuestras regiones no han sabido responder ni interactuar con el tejido intercultural presente, cuando en realidad los diseños educacionales están demandando constantemente una justicia cultural. En este sentido no puede obviarse el hecho de que la interculturalidad como diálogo y práctica cultural designa una postura o disposición que permita al ser humano vivir con sus referentes identitarios, y así compartir la convivencia con otros. Un proyecto educativo intercultural debe integrar los elementos culturales específicos y visualizar a través de los valores, el lenguaje, el conocimiento, la oralidad y la escritura una práctica integracionista desde el ángulo de las exigencias docentes.

Este referente mantiene estrechos vínculos con los procesos que tienen que ver, de manera especial, con la crisis de valores tradicionales, con la pérdida de una filosofía humanista y ambientalista, con la necesidad de rescatar una ética basada en la equidad y la solidaridad, donde el respeto al otro, cualquiera que sea su cultura o raza, constituya un principio fundamental.

Vamos a partir de las propias potencialidades que están contenidas en el concepto de educación. En un sentido amplio, educar significa socializar, transformar al educando en un ser social, en parte integrante de una comunidad. Constituye el mecanismo esencial para la conformación de una identidad propia; en la medida en que la educación logre socializar al hombre y elevarlo a la categoría de ser humano, estará cumpliendo una función humanizadora y estará ´aportando una carga axiológica importante a este proceso.

En gran medida, es en la praxis pedagógica donde se potencia la formación de los valores. No existen dudas en afirmar que toda labor educativa sería estéril al margen del proceso de asunción y formación de valores.

La educación y formación del ser humano presuponen un incesante desarrollo de los conocimientos, capacidades y habilidades que hagan posible su preparación para la vida, o lo que es lo mismo, cumplir un encargo social. Por tanto, la educación constituye una premisa esencial para poder enfrentar cualquier transformación social y aspirar a un desarrollo humano sostenible.

Consideramos pues, que sería pertinente reflexionar y hallar respuestas en estas direcciones:

- ¿Qué tipo de hombre necesita la sociedad para transformarse hacia un nivel más alto de humanidad?
- ¿Nuestros sistemas educativos responden a nuestras idiosincrasias?
- ¿Qué esperamos de la educación?
- ¿Qué soluciones educativas ofrecer a los problemas del mundo contemporáneo?

Desde nuestra perspectiva, la educación debe superar la debilidad axiológica del ser humano porque es ante todo, un fenómeno social históricamente condicionado, el núcleo del proceso socializador, que ejerce una influencia decisiva en la formación del hombre a lo largo de su vida y debe prepararlo para el logro de su participación activa en la sociedad. Existe pues, a nuestro juicio, una interconexión entre los términos conocimiento, educación y desarrollo, partiendo del presupuesto de la interpretación de la educación como un satisfactor de la necesidad apremiante que posee el hombre de obtener conocimiento, simplemente de conocer.

De esta forma constituye además un factor de carácter sinérgico, con capacidad de dar respuesta a otras necesidades como las de subsistencia, participación y creación.

Los enfoques actuales sobre el fenómeno educativo dan cuenta de que esta no sólo contiene elementos didácticos, metodológicos o psicológicos, sino que expresa una racionalización superior que implica una determinada concepción de la vida. Por ello, el examen de las finalidades educativas en las que se enmarca la práctica pedagógica debe sustentar una plataforma axiológica, metodológica, lógica y conceptual en general.

Las políticas educativas tocan también aspectos significativos como la calidad educativa y el desarrollo humano. Cada educador o profesor opera con determinadas finalidades trazadas por la política educativa del país en el empeño de formar y educar a los educandos en la adquisición de valores, actitudes, decisiones que lo integren como el ciudadano que el país necesita.

Frente a las innumerables adversidades que se vislumbran en nuestro mundo, la educación debe propiciar una reflexión crítica que logre estimular el desarrollo del pensamiento para lograr, más que una transmisión de conocimientos, la aprehensión de la vasta cultura contenida en la sociedad.

La validez teórica y científica de los estudios que hoy día se remiten a estas problemáticas serán avaladas en la medida que contengan lo relativo a la naturaleza y los fines del hombre, a la naturaleza de los actos humanos, al contenidos de la enseñanza y el aprendizaje, o sea, a todos los factores que intervienen en los propósitos y finalidades de la educación, sus métodos, organizados e integrados en un alto nivel de generalización.

De esta forma, la integración de los componentes educativos, culturales y valorativos con la práctica social humana posibilita conformar la educación de los sujetos sociales comprometidos con la adquisición de conocimientos y con la búsqueda de los más genuinos valores humanos. Desde esta óptica la educación se concibe como un proceso permanente de emancipación. Alfonso, G . (2003).

Valores universales e interculturalidad

Las diferentes tendencias culturales, educativas y axiológicas que sean asumidas en cualquier contexto, deben ponderar al ser humano en el justo lugar que le corresponde en el conjunto de las relaciones sociales. Esto implica el reconocimiento universal de su valor supremo.

En la antigüedad ya Protágoras advertía que el hombre era la medida de todas las cosas. Una lectura actualizada de esta frase conduciría a plantear que el hombre es la medida de todos los valores, el eje esencial para interpretar, comprender y solucionar los problemas globales.

Hoy es imprescindible, tanto en el plano teórico como en el de la práctica nacional e internacional, situar concretamente el concepto de hombre con un sentido genérico (FABELO, 2011). Lo anterior reviste vital importancia porque los análisis referidos a este particular no pueden desestimar el hecho de que el hombre está unido estrechamente a las condiciones sociales de su existencia, a las reales posibilidades que posee de alcanzar su progreso, bienestar y su libertad. Se trata de enfocar el problema sin prejuicios raciales, de sexo, género, nacionalidad, religión, ideas políticas o niveles económicos.

La acertada comprensión de los valores universales recaba hoy día una visión desprejuiciada donde no se sitúe por encima a determinados seres humanos en detrimento de determinadas naciones o grupos.

Un imperativo categórico de la actual época es la necesidad de redimensionar las relaciones hombre- naturaleza, hombre-sociedad, asumiendo un alto humanismo como expresión del desarrollo civilizado de la sociedad. El humanismo y los valores universales deben constituir la brújula que guíe las relaciones entre las naciones, pueblos y hombres.

El debate sobre los valores universales en el contexto actual presupone importantes desafíos socio-políticos, éticos, culturales, incluso, ecológicos. Dentro de estas reflexiones se encuentra la preocupación por el mejoramiento humano que en escenarios como los del continente latinoamericano, conllevan a la formación de un pensamiento crítico, que se torna emancipatorio porque busca nuevos referentes valorativos para conformar las nuevas expectativas del cambio y de la transformación de los sujetos sociales, víctimas de formas dominantes y alienadas de existencia. En este sentido podríamos citar como ejemplo palpable, la proliferación de los movimientos sociales en América Latina, los cuales tratan de articular proyectos alternativos de descolonización.

Reflexionar sobre estos imponderables al margen de la comprensión de su significación para la educación y la formación de las nuevas generaciones, conduce a equívocos nefastos. La educación en valores o la formación de valores, terminologías trabajadas y utilizadas por diferentes tendencias y escuelas filosóficas, pedagógicas y psicológicas, constituye ante todo un proceso educativo para desarrollar la capacidad valorativa de los sujetos sociales de forma crítica y creativa.

A su vez, este proceso incluye la preparación del sujeto como actor consciente de su devenir, de su realidad y de las formas en que se despliega su personalidad en la sociedad. Por ello coincidimos con los criterios que esbozan que el acto educativo se concreta en un proceso político-pedagógico que contiene en sí las tensiones de su época (ALFONSO, 2008).

Dicho proceso debe incluir objetivos estratégicos que permitan la formación de los seres humanos para desplegar su actividad en el universo en el que se desarrollen. Por estas razones hemos pretendido enfocar la relación Cultura- Educación- Valores en estrecho vínculo con la formación humanista que debe caracterizar a todo proceso educativo frente a los desafíos que enfrenta la humanidad, los cuales van desde la lucha por la propia existencia, los llamados problemas globales, entre los esenciales.

Lo expuesto hasta aquí puede servir de fundamento para enfrentar el reto que significa hoy educar y formar a los hombres que tienen que convivir con los fabulosos resultados del desarrollo científico y tecnológico, y al mismo tiempo, presenciar los males que se derivan del hegemonismo y el uso de la fuerza.

La impronta de estos retos pasa por el prisma de esta tríada, necesaria y válida porque acompañan al ser humano en su decursar histórico, confiriéndole a la vez la posibilidad de transformar el mundo para, desde luego, hacerlo más humano.

Consideraciones finales

El entretejido cultural y la diversidad apreciable en nuestras regiones latinoamericanas precisa repensar el tema de la cultura como una práctica de autoproducción del sujeto, de prácticas culturales, de convivencias justas que potencien el diálogo constante y permanente entre lo diverso y genuino que distingue a los pueblos originarios.

Este accionar en perspectiva intercultural continúa siendo una tarea pospuesta que necesita en nuestros contextos repensar el tema de visualizar y conformar proyectos interculturales que expliquen realmente cómo concebir y definir la cultura como actividad creadora, como praxis, con una filosofía educativa que no demerite la formación del sujeto por actitudes que soslayen la formación humanista, la actitud racional medioambiental y que más que atesorar la tradición cultural, promueva nuevas prácticas culturales dialógicas a través de los diseños educacionales, los que encaminarán esta propuesta en perspectiva de fomentar una educación para el progreso, una praxis intercultural dialógica y contextual.

Referencias bibliográficas
ALFONSO, G. Valores y Vida Cotidiana. Editorial de Ciencias Sociales. La Habana. 2008.
ARÓSTEGUI, M. La cultura de la resistencia como fenómeno espiritual, en Filosofía. Editorial Félix Varela. Colectivo de Autores. La Habana. Tomo II. 2009.
FABELO, J. R. Los valores y los desafíos actuales. Editorial José Martí. Instituto Cubano del Libro. La Habana. 2011.
FORNET- BETANCOURT, R. Para una crítica intercultural de la Filosofía. Editorial Trotta. Madrid. 2004.
_____. Transformación intercultural de la Filosofía. Bilbao. 2001.
_____. La filosofía intercultural desde una perspectiva latinoamericana. Revista Solar. Lima. Número 3. Año 3. 2007.
GUADARRAMA, P. Cultura y Educación en tiempos de globalización posmoderna. Editorial Magisterio. Bogotá. 2006.
MARTÍ, J. Nuestra América. Obras Completas. Editorial de Ciencias Sociales. La Habana. Tomo 8. 1975.
PLA, R. Cultura y Nación. Apuntes para situar el problema de la identidad cultural latinoamericana. Editorial Feijoo. Universidad Central Marta Abreu de Las Villas. Santa Clara. 2002.
PUPO, R. Praxis, Enajenación, Cultura, en Filosofía. Editorial Félix Varela. Colectivo de Autores. La Habana. Tomo II. 2009.
RODRÍGUEZ, Z. Filosofía, Ciencia y Valor. Editorial de Ciencias Sociales. La Habana. 1989.
TUNNERMANN, C. La Educación Superior en el Umbral del Siglo XXI. Ediciones Cresalc/UNESCO. Caracas. 1996.

SOBRE OS AUTORES

GERSON GALO LEDEZMA MENESES possui graduação em Licenciatura em Educação -História - Universidad del Cauca (1989), mestrado em História Andina -Bolívia, Peru, Equador e Sul da Colômbia, Universidad del Valle (1995) e doutorado em História Social pela Universidade de Brasília (2000). Atualmente é professor efetivo adjunto IV da Universidade Federal da Integração Latino-Americana, no curso História-América Latina e no programa de pós-graduação em Integração Contemporânea de América Latina, ICAL. Diretor do Instituto Latino-americano de Arte, Cultura e História, ILAACH, da Unila, na gestão 2017-2021. Ex-professor da Universidade Federal do Ceará, Fortaleza, onde foi Adjunto III. Ex-professor das universidades Del Cauca, Popayán, Estadual de Goiás, UEG e da Universidade de Brasília, UNB. Professor Visitante na Universidade Nacional da Colômbia, sede Bogotá, 2013.Foi membro diretor da ANPUH-CE, biênio 2007-2009. Tem experiência na área de História, com ênfase em História da América Latina, atuando principalmente nos seguintes temas e linhas de pesquisa: primeiro centenário da independência, história das Relações Internacionais; memória, imaginários, festa; interculturalidade/colonialidade/decolonialidade. Trabalha as festas comemorativas do I Centenário da Independência na Colômbia, Brasil, Chile, Argentina, Equador, Peru, Bolívia e Uruguai.

FRANCISCA PAULA SOARES MAIA é atualmente Profa. Dra. da Universidade Federal da Integração Latino-Americana. Doutora em Estudos Linguísticos, com foco em Sociolinguística. Leciona na Graduação Português Língua Adicional e Fonética e Fonologia; e no Mestrado em Políticas Públicas possui foco em Políticas Educacionais para a América Latina. Destaca em suas publicações um olhar sociológico integrado ao antropológico e filosófico, resultado do ambiente em que desempenha suas atividades. Tem investigado e publicado sobre o Português para Estrangeiros em Foz do Iguaçu, o cotidiano e os métodos de ensino. "Árabe, Arabismo e Islamismo na Tríplice Fronteira" faz parte de sua prática de extensão. Lidera o grupo de pesquisa Estudos (Sócio)Linguísticos e de Integração na América Latina, o qual possui membros colaboradores de várias partes do Brasil e do exterior. Dedica-se a pesquisas em Ensino-aprendizagem de Língua Portuguesa (como Língua Estrangeira, Língua Materna, Língua Adicional, Língua de Herança, etc); variação e mudança, gramaticalização e fonética acústica; práticas de leitura e produção em diversidade de gêneros textuais; Línguas Minorizadas no Mercosul (Guarani-Paraguai); internacionalização do Brasil; migração e fronteiras; Integração Linguístico-Cultural. Foi bolsista de Português para Estrangeiros na UFMG durante 3 anos, e trabalhou 22 anos na Educação Básica, na Rede Municipal em Belo Horizonte, Minas

Gerais, o que lhe confere um perfil de visão ampla na formação de professores, em contexto de fronteira.

ENDRICA GERALDO - Graduação, mestrado, doutorado e pós-doutorado em História pela Universidade Estadual de Campinas (SP). Pós-doutorado em História pela Universidade Federal de São Paulo (campus Guarulhos). É Professora Adjunta da Universidade Federal da Integração Latino-Americana (PR) desde 2015. Desenvolve pesquisa em História do Brasil republicano e História da América Independente com ênfase nos seguintes temas: migrações, trabalhadores, direitos, identidades, nacionalismo, autoritarismo, eugenia.

SIMONE BEATRIZ CORDEIRO RIBEIRO é docente de Português/Espanhol Língua Adicional na Universidade Federal da Integração Latino-Americana (UNILA). Possui graduação em Letras Português/Espanhol pela Universidade Estadual do Oeste do Paraná, campus de Marechal Cândido Rondon (2007). É mestre (2010) e doutora (2015) em Letras pelo Programa de Pós-Graduação Stricto Sensu em Letras, área de concentração em Linguagem e Sociedade, na Linha de Pesquisa Práticas Linguísticas, Culturais e de Ensino da Unioeste, campus de Cascavel. Desenvolve o Projeto de Pesquisa "Ensino de línguas de fronteira sob a perspectiva de fronteira geográfica enunciativa" (2017-2020), com vistas a investigar sobre a importância e a viabilidade do ensino da Língua Espanhola aos brasileiros e da Língua Portuguesa como Língua Adicional aos estrangeiros, sendo os Projetos de Extensão "Ensino de Línguas de Fronteira através de práticas interdisciplinares" (2017-2018), e "Ensino de Português como Língua Adicional no Ensino Fundamental I" (2017-2018), voltados ao Ensino Fundamental I, um piloto da parte prática a ser proposta no transcorrer da pesquisa. As Ações de Extensão têm como ênfase o ensino da Língua Espanhola através do curso "Chachalacas, español para niños" e o ensino da Língua Portuguesa como Língua Adicional por meio do curso "De balaio de gatos à educação em línguas", ambos iniciados em 2017 na Escola Municipal Padre Luigi Salvucci, no município de Foz do Iguaçu, Paraná. A docente tem experiência e desenvolve pesquisas na área da Linguística Aplicada com foco na Sociolinguística, Políticas Linguísticas, Direitos Linguísticos, Ensino de Línguas, Língua(s) de Fronteira e Língua Adicional.

VIVIANE DA SILVA ARAUJO Doutora em História pelo programa de pós-graduação em História Social da Cultura da Pontifícia Universidade Católica do Rio de Janeiro, Mestre pelo mesmo programa e graduada em História pela UERJ. Professora adjunta vinculada ao Instituto Latino-Americano de Arte, Cultura e História da Universidade Federal da Integração Latino-Americana (UNILA) desde 2015. Desenvolve pesquisas relacionadas às áreas de História, Comunicação, Urbanismo, entre outras, a partir de uma abordagem interdisciplinar. Investiga e possui trabalhos publicados com ênfase nos temas de história urbana, modernidade e representações visuais, identidade local e nacional, identidade latino-americana, história da fotografia e história intelectual na América Latina entre os séculos XIX e XX.

LAURA JANAINA DIAS AMATO possui mestrado e doutorado em Letras pela Universidade Federal do Paraná. Atualmente é professora adjunto III da Universidade Federal da Integração Latino-Americana. Tem experiência na área de Linguística, com ênfase em Linguística Aplicada, atuando principalmente nos seguintes temas: educação intercultural, processos identitários, formação de professores de línguas estrangeiras/adicionais, letramento crítico, teoria pós-colonial, alemão como língua estrangeira. É líder do grupo de pesquisa Linguagem, Política e Cidadania.

SAMUEL QUIRINO OLIVEROS CALDERÓN Profesor Titular de la Universidad de Holguín, Cuba. Doctorado en Historia de América - Universidad Estatal de San Petersburgo. Tiene experiencia en el área de Historia, con énfasis en Historia de América. Coordinador del proyecto de Pensamiento Social del Centro de Estudios sobre Cultura e Identidad. Se especializa en la investigación sobre proceso de formación nacional y pensamiento social latinoamericano. Tiene diversas publicaciones y ponencias en congresos sobre su línea de investigación. Miembro de: Comisión de Grados Científicos de la UHO, Consejo Provincial de las Ciencias Sociales y Humanísticas de Holguín y de la Unión Nacional de Historiadores de Cuba, filial Holguín. Fue Asesor de la Misión Sucre en el Estado Mérida de la República Bolivariana de Venezuela. Profesor de Historia de la Escuela de Ciencias Sociales de la UNAN-Managua, República de Nicaragua. Profesor Visitante Extranjero en la Universidad Federal de la Integración Latinoamericana (UNILA), República Federativa de Brasil

IVÁN ALEJANDRO ULLOA BUSTINZA Graduado em Letras (Filologia Hispânica), Doutorado pela Universidade de Vigo Espanha- (2008) com uma tese sobre o escritor uruguaio Mario Benedetti: "Evolución ideológico-literaria en la obra poética de Mario Benedetti. La figuración irónica, elemento estructural". Professor de Espanhol AECI (Agência Espanhola de Cooperação Internacional) na Universidade Federal do Rio de Janeiro no período janeiro de 2010-dezembro de 2012. Atua nas áreas de Letras, com ênfase em Literatura Hispano-americana e Línguas Estrangeiras Modernas (Espanhol). Atualmente é professor de Espanhol na Universidade para a Integração Latinoamericana (UNILA). Desde 2010 escreve de forma habitual no seu blog: http://discursosposmodernos.blogspot.com

ANGELA ERAZO MUNOZ es Doctora en Ciencias del Lenguaje (2016, Université Grenoble-Alpes- Francia), Magíster en Didáctica de Lenguas Extranjeras (2010) y en Antropología social (2008) (Université de Strasbourg -Francia), actualmente Profesora de letras y lingüística en la Universidad Federal de Integración Latinoamericana, actúa principalmente en temas relacionados con el plurilingüismo, la intercomprensión entre lenguas próximas, la didáctica de lenguas, etnolingüística y espacios de movilidad y migración. Está vinculada a los programas de investigación MOBILANG de la Universidad de Brasilia, es miembro del Laboratorio de investigación LIDILEM de la Université Grenoble - Alpes.

VALDILENA RAMMÉ é professora da área de Letras e Linguística na Universidade Federal da Integração Latino-americana (UNILA). Tem mestrado (2012) e doutorado (2017) em Estudos Linguísticos pela Universidade Federal do Paraná com período sanduíche na Univerisade de Utrecht. Tem experiência em duas áreas: em Teoria Linguística e Análise Gramatical, trabalhando na interface Sintaxe-Semântica com ênfase nos seguintes temas: nanossintaxe, estrutura conceitual, semântica lexical, semântica conceitual, mudança linguística, verbos de movimento e preposições espaciais; e em Linguística Aplicada, interessando-se por questões de ensino-aprendizagem de línguas estrangeiras (LE), como didática de LE, desenvolvimento de material didático e ensino-aprendizagem-avaliação da expressão oral.

HENRIQUE LEROY Doutor em Letras na área de concentração Linguagem e Sociedade pela Universidade Estadual do Oeste do Paraná (UNIOESTE-PR). Mestre em Letras, na área de Estudos de Linguagens, Ensino e Mediações Tecnológicas pelo Centro Federal de Educação Tecnológica de Minas Gerais (CEFET-MG). Licenciado em Língua Inglesa pela Faculdade de Letras da Universidade Federal de Minas Gerais (Fale/UFMG). Tem experiência, no Brasil e no exterior, na área de Ensino-Aprendizagem de Línguas Adicionais, com ênfase na Licenciatura de Língua Portuguesa Adicional. Integrante do núcleo de pesquisa em linguagem e tecnologia INFORTEC do CEFET-MG, com ênfase no ensino-aprendizagem e na avaliação em língua portuguesa adicional. Atua também como colaborador do Instituto Nacional de Estudos e Pesquisas Educacionais Anísio Teixeira (Inep), órgão do Ministério da Educação (MEC), prestando serviços na avaliação e elaboração das tarefas do Certificado de Proficiência em Língua Portuguesa para Estrangeiros (Exame CELPE-BRAS). É professor de Língua Portuguesa Adicional e de Língua Inglesa da Universidade Federal da Integração Latino-Americana (UNILA), em Foz do Iguaçu, Paraná, Brasil e representou, de 2014 a 2016, a Divisão de Promoção e Certificação de Idiomas da Pró-Reitoria de Relações

Institucionais e Internacionais (PROINT) da UNILA como Coordenador do Posto Aplicador do Exame Celpe-Bras e como Coordenador Geral do Programa Nacional Idiomas sem Fronteiras (IsF). É integrante da Associação Mineira dos Professores de Português como Língua Estrangeira (AMPPLIE).

LAURA FORTES Professora da UNILA (Universidade Federal da Integração Latino-Americana) e coordenadora do Programa Idiomas sem Fronteiras nessa instituição. Doutora em Letras pelo Programa de Estudos Linguísticos e Literários em Inglês na Faculdade de Filosofia, Letras e Ciências Humanas da USP, com realização de estágio sanduíche na University of Technology, Sydney. Mestre em Letras (DLM-FFLCH-USP). Graduada e licenciada em Letras (Português/Inglês) também pela FFLCH-USP. Membro do Grupo de Estudos e Pesquisa em Língua Estrangeira, Discurso e Identidade - LEDI, coordenado pela Profa. Dra. Marisa Grigoletto. Membro do Grupo de Pesquisa Linguagem, Política e Cidadania, coordenado pela Profa. Dra. Laura Janaína Dias Amato, atuando na linha de pesquisa Política de Linguagem e Integração. Possui experiência em docência desde 1998 em diversas modalidades e níveis de ensino, especialmente na área de inglês como língua estrangeira. O foco de sua atuação acadêmica tem sido a análise de discurso pecheutiana em sua relação de entremeio com áreas da linguística aplicada, da sociolinguística e da história das ideias linguísticas, especialmente aquelas voltadas aos processos de ensino e aprendizagem de línguas, estudos de bilinguismo/multilinguismo, análise do currículo, políticas de línguas e formação de professores.

MARIA LUZ MEJIAS HERRERA Licenciada en Educación, Maestrado en Pensamento Latinoamericano y Doctora en Ciencias Filosóficas. Há desarrollado la mayor parte de su actividad científica y académica en la Universidad Central Marta Abreu de Las Villas, en Cuba. Ha integrado vários proyectos de investigación sobre temas referidos a la integración y la interculturalidad latino-americana. Autora de vários artículos en libros y revistas e integra el proyecto internacional sobre trabajo social intercultural en la Universidad Católica de Eichastatt, Bavaria, Alemania. Há fungido como orientadora de varias tesis de grados, maestrias y doctorados. Actualmente es professora de la UNILA.

.

BOAVISTA PRESS

www.ingramcontent.com/pod-product-compliance
Lightning Source LLC
LaVergne TN
LVHW051640080426
835511LV00016B/2419